高职院校教学管理概论

张一平 著

北京理工大学出版社
BEIJING INSTITUTE OF TECHNOLOGY PRESS

版权专有 侵权必究

图书在版编目（CIP）数据

高职院校教学管理概论 / 张一平著 . —北京：北京理工大学出版社，2020.10
ISBN 978-7-5682-9148-4

Ⅰ. ①高… Ⅱ. ①张… Ⅲ. ①高等职业教育 – 教学管理 – 研究
Ⅳ. ①G718.5

中国版本图书馆 CIP 数据核字（2020）第 198194 号

出版发行 / 北京理工大学出版社有限责任公司
社　　址 / 北京市海淀区中关村南大街 5 号
邮　　编 / 100081
电　　话 / （010）68914775（总编室）
　　　　　 （010）82562903（教材售后服务热线）
　　　　　 （010）68948351（其他图书服务热线）
网　　址 / http://www.bitpress.com.cn
经　　销 / 全国各地新华书店
印　　刷 / 北京虎彩文化传播有限公司
开　　本 / 710 毫米 × 1000 毫米　1/16
印　　张 / 12　　　　　　　　　　　　　　责任编辑 / 梁铜华
字　　数 / 208 千字　　　　　　　　　　　　文案编辑 / 杜　枝
版　　次 / 2020 年 10 月第 1 版　2020 年 10 月第 1 次印刷　　责任校对 / 刘亚男
定　　价 / 69.00 元　　　　　　　　　　　　责任印制 / 施胜娟

图书出现印装质量问题，请拨打售后服务热线，本社负责调换

前　言

《国家职业教育改革实施方案》开篇指出，职业教育与普通教育是两种不同的教育类型，具有同等重要地位。自改革开放以来，职业教育为我国经济社会发展提供了有力的人才和智力支撑。从 1980 年年初建立职业大学至今，我国高职教育走过了将近 40 年不平凡的发展历程，已成为我国高等教育体系的重要组成部分和新的增长点。据有关统计，截至 2019 年，全国高职（专科）院校共 1 423 所，在校生人数 1 280 万。高职教育的发展不仅对我国高等教育进入大众化阶段起到了决定性作用，而且也为进入大众化阶段后的高等教育健康发展起到了重要作用。在经济全球化的数字经济和技术经济时代，我国经济社会的发展和进步及其与高职教育改革发展的依存共生关系，迫切要求我们在理性审视和谋划高职教育发展的同时，强力推进高职教育管理，大幅提升高职教育质量，从而不断提高高职教育对经济社会发展的贡献率和人民对高职教育的满意率。

我们在欣喜地看到我国高职教育改革与发展取得巨大成就的同时，也必须清醒地认识到：一方面，由于理论准备不足、资金投入不足、培养能力不足等导致的高职教育人才培养供给侧与人才市场需求侧之间的结构性矛盾，已严重制约高职教育的可持续发展；另一方面，经济结构调整、产业转型升级和全面建成小康社会的宏伟目标对高等职业教育的发展提出了新的更高的要求。从宏观层面上看，高职教育历经大规模发展后，必须在理性思维框架下厘清发展思路，调整发展战略，切实把发展重心转移到提高教学质量、注重教学内涵建设的轨道上来，谋求规范化生存与特色化发展。从微观层面上看，学校的教学质量低是目前高职教育最突出的问题之一，而产生这一问题的直接原因之一是培养能力偏低、教学管理滞后，尤其是教学管理规范与创新的力度与深度不够，因此，如何提高教学管理能力、加强教学内涵建设应成为高职院校管理者的自觉追求与行动。

教学工作是学校的中心工作，是高职院校最本质、最经常的活动，因此，教学管理在高职院校办学中占有突出的重要地位。在长期的教学管理实践中，我们深感系统的教学管理理论对指导教学管理实践、提高教学管理能力的重要性。作为一名长期从事高职教育教学管理与研究的工作者，面对我国高职教育内涵建设与质量提升的发展要求，我一直在关注高职教育教学管理理论体系的建设，并力求做一些积极探索，以求为我国高职教育教学管理理论建设奉献一点微薄之力。以上就是我撰写这本专著的初衷。本书积累了我从事高职教育基层教学管理14年的点点滴滴，从当前我国高职院校教学管理的实际需要出发，通过对高职院校教学管理系统诸方面、各环节和多要素的系统分析与中外高职院校教学管理研究成果的比较借鉴，尝试性提出高职院校教学管理的理论框架与操作策略，力求在高职院校教学管理理论上有创新，在高职院校教学管理的实践中有突破。

本书在编写过程中，借鉴和参考了许多公开发表或内部交流的文献资料，在此深表感谢。书后所列参考文献若有不详或遗漏之处，谨致歉意。

高职院校的教学管理是一项复杂的、动态的、长期的系统工程，需要广大教育工作者在理论上和实践中大胆探索，不断创新和研究。编者在这方面只是进行了一些初步探索。

由于水平有限，时间仓促，书中错误和不足之处在所难免，恳请广大读者批评指正。

编　者

目　录

第一章　高职院校教学管理基础 …………………………………… (1)

第一节　高职院校教学管理的内涵与要素 ……………………… (1)
第二节　高职院校教学管理的地位与任务 ……………………… (4)
第三节　高职院校教学管理的原则与规律 ……………………… (5)
第四节　高职院校教学管理的特点与内容 ……………………… (8)
第五节　高职院校教学管理的问题与对策 ……………………… (11)

第二章　高职院校教学管理理念 …………………………………… (16)

第一节　人本理念 ………………………………………………… (16)
第二节　系统理念 ………………………………………………… (21)
第三节　就业理念 ………………………………………………… (24)
第四节　创新理念 ………………………………………………… (29)

第三章　高职院校教学管理组织 …………………………………… (37)

第一节　高职院校教学管理组织系统概述 ……………………… (37)
第二节　高职院校教学管理决策与规划系统 …………………… (46)
第三节　高职院校教学管理督导系统 …………………………… (48)
第四节　高职院校教学管理执行运作系统 ……………………… (52)
第五节　高职院校教学管理队伍建设 …………………………… (53)

第四章　高职院校教学管理内容 …………………………………… (59)

第一节　高职院校教学计划管理 ………………………………… (59)
第二节　高职院校教学运行管理 ………………………………… (64)
第三节　高职院校专业建设与管理 ……………………………… (71)

第四节　高职院校课程建设与管理 …………………………… (78)
　　第五节　高职院校实践教学基地建设与管理 ………………… (86)
　　第六节　高职院校教材建设与管理 …………………………… (91)
　　第七节　高职院校教学质量建设与管理 ……………………… (96)

第五章　高职院校教学管理方法 ………………………………… (101)

　　第一节　过程管理法 …………………………………………… (101)
　　第二节　项目管理法 …………………………………………… (106)
　　第三节　策略管理法 …………………………………………… (110)
　　第四节　个人管理法 …………………………………………… (111)

第六章　高职院校教学管理制度 ………………………………… (114)

　　第一节　高职院校制度建设概述 ……………………………… (114)
　　第二节　教学计划管理制度 …………………………………… (121)
　　第三节　教学运行管理制度 …………………………………… (125)
　　第四节　教学基本建设管理制度 ……………………………… (128)
　　第五节　教学检查与评估制度 ………………………………… (132)
　　第六节　高职院校教学管理中的考试制度建设 ……………… (135)

第七章　高职院校教学管理创新 ………………………………… (141)

　　第一节　高职院校教学管理创新构成 ………………………… (141)
　　第二节　教学创新与学生创新能力培养 ……………………… (145)
　　第三节　我国高职院校教学创新 ……………………………… (150)

第八章　国外职业院校教学管理借鉴 …………………………… (160)

　　第一节　美国社区学院教学管理及启示 ……………………… (160)
　　第二节　加拿大社区学院管理及启示 ………………………… (165)
　　第三节　英国学徒制教学管理及启示 ………………………… (169)

参考文献 …………………………………………………………… (175)

第一章　高职院校教学管理基础

第一节　高职院校教学管理的内涵与要素

教学管理是高职院校内部管理体系主要的、核心的组成部分，在高职院校的各项管理工作中占有突出的重要地位，是高职院校治理体系和治理能力现代化建设的关键环节。教学管理水平的高低直接影响高职教育人才培养质量的好坏。

一、教学管理的内涵

自制度化学校教育产生以来，教学管理便成为教育理论研究与实践活动中的重要课题。关于教学管理的概念，不同的学者有不同的看法，至今没有完全统一的认识。具体来讲，学者们对教学管理的认识主要有以下三种观点：

第一种观点认为：教学管理是"学校管理者遵循管理规律和教学规律，科学地组织、协调和使用教学系统内部的人力、物力、财力、时间、信息技术等因素，确保教学工作有序、高效运转的决策和实施"。

第二种观点认为：教学管理是"学校教学行政人员为完成教学任务、提高教学质量，运用一定的原理和方法，通过一系列特有的管理行为，组织、协调、指挥和控制教学工作，以求实现教学目标的过程"。

第三种观点认为：教学管理是"学校管理者根据教学方针、教学计划、教学大纲的要求，根据教学工作的规律，运用现代科学管理的理论、方法和原则，通过计划、组织、检查、总结等管理环节，对教学的各个方面、各个要素、各个环节进行合理组合，以推动教学工作正常地、高效率地运转"。

以上三种观点都定位于学校层面，认为教学管理是学校内部的管理，可以视为狭义的教学管理。此外，也有观点认为，广义的教学管理是从宏观层面上研究教育行政部门（含教育行业协会）对各级各类学校及其他教育机构教学的组织、管理和指导。

高职院校教学管理是管理者遵循教学规律和教育方针，运用现代教学理论和科学管理方法与技术，通过决策、计划、组织、监督、服务、参谋和创新等具体管理职能，使教学活动达到既定目标的活动过程，涉及高职院校的领导与决策、资源与管理、人员与培训等诸多方面。高水平的教学管理能促进教学改革，提高教学水平，保证教学质量，增进教学效益，是实现人才培养目标的重要保证。

二、教学管理的基本要素

高职院校教学管理包含教学管理主体、教学管理客体、教学管理目标和教学管理手段四大基本要素。

（一）教学管理主体

由于高职院校教学管理活动的多样性、多层性与多环节性，因此，教学管理主体并不是单一的，而是一个十分复杂的体系。按层次的不同，教学管理活动可分为以课程为单位的教学管理活动、以专业为单位的教学管理活动和以学校为单位的综合性、整体性教学活动。以课程为单位的教学管理主体包括教师、教研室主任和学生。教师是直接的管理者，教研室主任是间接的管理者，学生既是被管理者，又是自我管理者。以专业为单位的教学管理主体是二级学院院长（系部主任）、分管教学副主任（副院长）及教学秘书等辅助管理人员。以学校为单位的综合性、整体性教学管理主体是院长、分管院长及其教学职能部门管理人员。还有一类教学管理者组织必须提及，就是班委会、学生会与各种学生社团组织。因为学生的大量学习活动是在课堂外自主完成的，所以班委会、学生会、学生社团组织在教学管理中的作用不容忽视。

（二）教学管理客体

教学管理客体即教学管理对象或教学管理内容，教学管理的对象就是教学活动。首先，教学活动是教师教的活动与学生学的活动的综合，因此，教学管理既包括对教师教的管理，也包括对学生学的管理。因为对教师教的管理不等于对教师的管理，因为对教师的管理，除对教师教的管理外，还包括对教师的人事管理、培训的管理等。同样，对学生学的管理不等于对学生的管理，对学生的管理除对学生学的管理外，还包括对学生思想的管理、生活的管理、安全的管理、社团活动的管理等。其次，教学活动的进行有赖于教学设施与设备、教学软件课件、教学网络与数据资料、教学日常运作经费等种种教学资源的投入，因此，教学管理既包括对教学设施与设备、教学软件与课件的管理，也包括对网络教学、数据库、教学日常运作经费的管理等。再次，教学活动是专业教学计划制订、课程建设、教材建设、备课、授课、课外辅导、批改作业、考核、实践教学等多个环节的相继展开，因此，教学管理既包括对专业教学计划、课程建设、教材建设的管理，也包括对备课、授课、辅导、考核、实践教学的管理。此外，教学活动是以课程为单位的教学活动、以专业为单位的教学活动、以学校为单位的教学活动等多个层面教学活动的统一。教学管理既包括课程层面、教研室层面的教学管理，也包括二级学院（系部）层面、学校层面的教学管理。还有一点需要指出，富有成效的教学活动，不是诸多要素的简单拼凑、各个环节的机械连接与不同层面的硬性堆砌，而是各种要素、各个环节与各个层面的相互耦合与相互协调，因此，教学管理既包括教学资源配置与教学环节组织的管理，也包括教学管理权限的分配管理。

（三）教学管理目标

教学管理目标即教学管理者进行教学管理活动要实现的预期目的的外化，决定着教学管理行为的基本方向，也为教学管理活动成效或成果的评价预设了一个参照系或价值判断体系。离开教学管理目标，任何教学管理活动都会变得盲目，失去存在的意义。对于教学管理目标，可以从不同的角度予以考察。从活动的结构上看，有教学管理的子目标与总目标之分，是一个在总目标统驭下的诸多子目标相互关联、有机结合的体系；从教学管理活动过程上看，有教学管理的阶段目标与最终目标、短期目标与长期目标之分，是服从于最终目标、长期目标的诸个阶段目标、短期目标前后相继的体系；从教学管理活动的层次上看，有教学管理的宏观目标与微观目标之分，是从属于宏观目标的各个微观目标的相互协调、有机整合的体系；从教学管理活动的相互关系上看，有教学管理的主目标与辅目标之分，是一个以主目标为中心，诸多辅目标与之配合协调的体系。

（四）教学管理手段

在预定的教学管理目标的导引下，教学管理主体作用于教学管理客体行为通常不是直接发生的，而是借助于种种手段间接发生的，因此，可将这些手段、工具大致归为三大类：一是收集、整理、分析、存储、传递教学与教学管理信息的手段；二是制度性手段；三是激励与惩戒手段。

第二节　高职院校教学管理的地位与任务

一、教学管理的地位

（一）教学管理是高职院校各项管理中最活跃的主导因素

教学活动是高职院校最本质、最经常的活动，各级各类学校都以教学工作为主体，教学是学校的中心工作，因此，对高职院校教学系统来说，教学管理与其他各项管理相比，具有特别重要的地位。教学管理的作用在于以其为主导，规定和协调着其他管理活动的进行。例如，学校的行政管理、资产管理、师资队伍管理、学生社团活动安排等，都要根据教学管理和教学任务的进展情况协调进行。

（二）教学管理是高职院校基本特征的生动体现

高职院校通过教学活动培养社会主义现代化建设所需要的高素质技术技能人才。具体说来，高职院校有明确的教育教学目标、教学内容和固定的教育组织形式、有必需的仪器设备、有专门从事教育工作的教育者和相应的教育对象。这些是高职院校教学管理的基础和条件，只有通过教学管理，这些特点才能科学地有机结合，高职院校人才培养的职能才得以体现。若没有教学管理，高职院校也就失去了其特征和职能。

（三）教学管理是高职院校提高教学质量的基本保证

教学质量是学校得以存在的价值标准，教学质量问题直接影响高职院校的社会效益和声誉。决定教学质量的因素是多方面的，但教学管理是最基本、最重要的因素之一，其他条件都很好，如果教学管理跟不上，有利的因素和条件得不到发挥，教学质量同样难以提高。即使其他条件差一些，如果教学管理科学、有力，各方面和积极性发挥得好，那么教学质量也有可能提高。

（四）教学管理是协调"教"和"学"之间关系的重要手段

在教学过程中，教育目标的统一性和教学效果的不确定性之间时刻存在矛盾。若要解决好这个矛盾，必须加强教学管理。教学管理可以随时协调和控制教学过程各个阶段、各个环节中教和学的关系，使学生的学习较顺利地达到各个阶段的目标,从而最终成为符合质量标准的人才。

二、教学管理的任务

自从有了学校教育就产生了学校的教学管理,人们对教学管理规律性的认识是随着社会生产的发展和学校教育的变革而逐步发展完善的。随着办学规模的扩大和学校教学内容的丰富,教学管理活动日益复杂,教学管理的任务不再局限于维持教学秩序、编排学校课表、确定几门课程等单项活动,而是逐渐趋向于对教学计划、教学内容、教学质量、教学方法、教材建设等进行全方位统筹并实施系统化管理。

高职院校教学管理的任务在于管理主体根据党和国家的教育方针和政策,依据高等职业教育教学过程的规律与特点去组织、协调、控制教学过程中的人力、物力、财力、时间与信息,建立正常的、相对稳定的教学秩序,保持教学过程的畅通,可以使整个教学过程达到协调化、高效率与最优化,以培养适应生产、建设、管理、服务第一线需要的德智体美劳全面发展的高素质技术技能人才。其内容主要包括以下几方面:①研究高技能人才的培养规律和管理规律,提高教学管理水平;②调动教师和学生教与学的积极性、主动性和创造性;③建立稳定的教学秩序,保证教学工作的正常运行;④研究并组织实施教学改革和教学基本建设;⑤建立和完善教学管理的各项规章制度,制定对各个教学环节的规范化要求,把严格管理贯穿于人才培养的过程;⑥积极探索多样化考试方式方法,改革和完善考试制度;⑦坚持"以评促建、重在建设"的原则,组织开展教学评估工作;⑧加强教学管理队伍建设和教学管理手段建设,建立和完善教学管理信息系统,促进教学管理工作的科学化、现代化;⑨研究建立充满生机和活力的教学运行机制,形成特色,提高教学质量。

第三节 高职院校教学管理的原则与规律

一、教学管理原则

高职院校教学管理原则是教学管理活动必须遵循的规则和要求。实践证明,只有在正确的原则指导下,教学管理才能有效进行。教学管理的基本原则主要有以下四方面:

(一) 遵循教学规律原则

教学规律是教学过程中教与学的本质联系，是教与学发展变化的内在必然性，集中反映在教学双边活动的全过程中，在教师有目的、有计划地启发和指导下，学生主动积极地学习知识、掌握技能、养成素质的教学过程中，凡是本质的、经常起作用的和普遍性的联系，都具有规律性。例如，在传授知识的过程中培养学生的智力和能力；教学要循序渐进，使学生能够系统牢固地掌握知识；精选教学内容，使教学的要求与难度适应学生的接受能力；教学要坚持科学性与思想性相结合；理论联系实际，要能发挥学生的主体作用；教学要以提高人才培养质量为核心，正确处理政治与业务、基础知识与专业知识、理论与实践之间的关系；科技知识和人文知识要相互融合，使学生全面发展等。只有遵循客观规律，教学管理才能促进学生德、智、体、美、劳全面和谐地发展。

(二) 坚持办学方向原则

坚持社会主义办学方向是我国高职院校人才培养的基本要求和政治保障。教学管理过程必须认真贯彻落实党的教育方针和政策。党和国家的教育方针政策是依据我国政治、经济、社会发展的客观要求制定的。高职院校的教育教学活动，为实现高职教育人才培养目标，为社会主义建设事业培养适应生产、建设、管理、服务第一线需要的高素质技术技能人才；高职院校的教育教学活动必须遵循高职院校职能的规定，使学生在政治思想、专业知识和职业素质等方面全面发展，成为合格人才。另外，坚持教育教学管理的社会主义办学方向还必须始终坚持党的四项基本原则，将其贯穿于教育教学活动的全过程。

(三) 强化效益效率原则

现代企业管理讲求"管理出效益"。教学管理应怎样才能使管理出质量、出效益？必须科学组织、合理协调教学系统内部及外部的关系，最有效地发挥高职院校内外教学资源的作用，以取得最佳的教学效果；从高职院校的实际出发，充分利用人、财、物、信息等资源，最大限度地发挥其效能，具体到教学的每个环节、每个阶段、每项工作，都必须有具体的要求和明确的标准。这样才能实现教学管理的高质量、高效率、高效益。

(四) 落实民主管理原则

搞好教学管理必须体现以人为本的管理思想，实行民主管理。高职院校的教学过程是以教师为主导、以学生为主体的活动过程。教师和学生处于教学第一线，他们最了解教学情况，对教学工作最有发言权。只有充分发挥民主，让他们发表意见，并认真听取、尊重他们的意见，才能真正搞好教学管理工作，同时，教学工作及学校各部门、各单位，还必须充分发动全校其他成员积极关心、配合和参与教学管理，使教学管理形成一种合力。事实证明，形成了合力的管理是最有效的。当然，实行民主管理的同时，还必须加强集中统一、科学决策。民主是科学决策的基础。

二、教学管理规律

总结经验，研究规律，是加强管理的根本途径。教学管理工作，一方面，必须符合教学规律，与教学工作相适应；另一方面，作为一种上层建筑，又有它自己的规律性和相对的独立性。教学管理的规律性主要体现在以下三方面：

（一）系统性

教学管理的系统性是指教学管理工作构成的系统，要以最低的费用、最少的人力、最短的时间达到最高的效益——培养出尽可能多的合格人才。

教学管理的系统性具体表现在要把教与学双方作为一个有机的整体，以规定的教学质量标准和人才培养需求为目标，在教学过程中对双方进行及时有效的调节，使之互相适应。协调组织好教与学两条线的融合与互动，发挥整体效应，使之对学生的成长、成才发挥整体优势。

同时，教学管理系统又是院校管理这个母系统中的一个子系统。它的工作不能离开高职院校中的其他子系统，如行政管理系统、思想管理系统、保障管理系统等。这些子系统共同构成了高职院校管理这个母系统，因此，教学管理工作一方面是"自成系统"，要在自己的子系统内达到优化；另一方面还要得到其他子系统的支持，使整个高职院校成为一个管理体制合理、功能协调、效益高的系统。

（二）周期性

教学和教学管理工作是一种周期性很强的工作。上至学校领导，下至每个具体的教学管理工作者，都在周而复始地进行一期接一期的工作。周期有长有短，最长是学制周期，还有学年、学期、课程的周期等。周期性工作的最大特点是规律性强。若教学管理工作者掌握了每个工作周期的特点和内容，则可以有步骤地总结经验、提高效率，不断推动教学管理工作前进。

周期性工作也要注意不断汲取环境信息，防止因循守旧，故步自封。尤其要注意职业教育发展不同历史时期的特点，总结经验教训，不断改革创新。例如，高职教育发展进入新时代后，就应该认真总结借鉴国内外高职院校教育管理的成功经验，结合我国实际，建立有中国特色和本校实际特点及历史沿革的教学管理模式。

（三）适应性

教学管理的主要对象——教与学双方——都是有主观意志的活动主体，因此，教学管理工作必须充分考虑这个特点，适应各种随机性和规律性的变化。

适应性表现在加强针对性。无论是制订教学计划或是教学实施，都不能脱离各个时期的教与学对象的具体情况，因此，确定教学起点、制订教学计划等，都是教学管理中必须经常认真对待的问题。

适应性还表现在工作预见性上。要使学生既能学到坚实的文化基础和职业技能，又能及时了解一些当时的重要科技发展动态，使学生到工作岗位后，不仅能胜任当前的工作，而且具备下一步发展的基础条件，以适应高职学生可持续发展的需求，既立足现实，又放眼未来，使培养出来的学生能够跟上时代前进的步伐。

第四节 高职院校教学管理的特点与内容

一、教学管理的特点

由于高职教育人才培养目标的特征，因此，其教学管理呈现出以下三个特点：

（一）综合性

由于教学多层次、多形式，高职教育的教学活动呈现出多样性和复杂性，学校人力、物力、财力的有效组织和调配等都决定了高职院校教学管理的综合性。与普通本科高校的教学管理相比，我们会发现，虽然二者具有共性，但也存在着差异性。如普通本科高校的管理也具备综合性，但是其综合性有一个很重要的方面就是学科的综合，因此，教学管理必须十分关注适应当今学科综合的大趋势。

（二）连续性

在高职教育的整个教学过程中，学生知识的获取、能力的发展和素质的养成，都是渐进积累的过程，因此，与之相对应的教学过程也具有连续性，由此决定了教学管理具有连续性特点。

（三）系统性

高职教育教学管理系统是教与学双方构成的一个有机整体，教学过程对双方进行及时有效地调节，使之互相适应。在组织上，高职院校实际上存在着教和学两条线，教学管理的任务是教与学结合，真正实现良性互动。

二、教学管理的内容

教学管理包括教学组织系统管理、教学计划管理、教学质量管理、教学过程管理、教学档案管理等方面。教学管理水平直接影响人才培养质量，直接影响人才培养目标的实现。高水平的教学管理有利于引导教师全面地了解教学工作的目的与内容，正确地处理教与学的关系能够更好地担负起教书育人的重任，有利于教学秩序的良好展开，有利于专业建设与改革和专业群的发展，有利于人才培养目标的最终实现。

（一）教学组织系统管理

高职院校教学组织系统大至学校教学工作委员会，小至教研室和教师个体，职能是直接对教学进行计划、决策、运行、协调、控制。各个组织层面担负不同的职责。例如，教学工作委员会是教学工作的总策划和总协调，教研室担负某一专业（或课程）建设的具体实施任务，包括制订与实施人才培养方案、组织教学实施、开展教学评价等，而教师则是教学实施的具体组织者。高职院校的教学管理应指导教学组织系统树立正确的高职教育教学观，及时了解行业人才需求趋势，做出科学决策，制订人才培养方案，合理安排教学环节，各司其职、分工合作，将学校教学工作落到实处，使教学系统正常有序地运行，为高职教育教学管理和专业建设提供良好的组织保障。

（二）教学计划管理

教学计划是根据党和国家的教育方针和培养目标而制订的关于学校教学工作

具体安排的指导性文件，包括课程设置、课程环节安排、学分要求等。它体现了学校的办学指导思想和办学宗旨，决定着学校教育、教学内容的方向和特色，是专业建设的主要依据，也是学校实现培养规格和目标的保证。

专业教学计划管理：第一，必须保证课程的设置、学分要求、理论与实践教学环节的比例安排以高素质技术技能人才培养目标为依据，防止"吃不饱"和"过于饱"的现象出现，保证教学计划的合理性；第二，根据社会经济的发展情况，顺应产业结构调整，及时对教学计划进行调整和修订，保证教学计划的先进性和实用性；第三，不定期检查教学计划的实施情况，督促各专业建设严格按计划进行人才培养，保证教学计划的严肃性。

（三）教学质量管理

质量是教学的生命线，教学质量管理是教学管理的核心内容，包括对教学质量的检查、分析、监控、评估等内容。

1. 加强教学质量检查工作

高职院校的教学质量检查工作应采取常规检查和阶段性抽查相结合、全面检查与重点检查相结合、自查与互查相结合的方式，多层次、多方位对高职教育教学工作进行鉴定和评价，及时发现问题、解决问题，优化教学过程，促进教学质量的提高。

2. 建立健全教学管理质量监控和教学工作诊断与改革体系

提高课堂教学质量的同时，还应注重建立健全的实践教学质量评价体系，展现高职教育的特色。

（四）教学过程管理

具体的教学过程管理包括对教师备课、教学内容、教学方法和教学环节安排的管理。规范高职院校的教学过程管理有利于根据高职教育的教学规律及产业结构调整的状况对教学过程进行指导和规范，有利于高素质技术技能人才培养目标的顺利实现。

（五）教学档案管理

教学档案是指在教学、教学研究、教学管理活动中形成的具有查考价值的、应当归档的教学文件材料，有图表、报表、照片、录音、录像、文字等多种形式，具体包括教师业务档案、学生学籍、学生成绩档案及各级各类教学规章制度文件档案等。

第五节　高职院校教学管理的问题与对策

一、教学管理中存在的问题

尽管高职院校的教学管理有各种各样的模式，但不管采用什么样的管理模式，都必须满足新时代职业教育高质量发展对高职教育教学管理的新要求。目前，高职院校的教学过程中表现出许多与新要求不相协调的情况，因此，对接产业转型升级和高职教育从规模向质量发展转变，特别是面对"双高计划"建设要求，高职院校教学管理面临着一系列矛盾，主要存在以下五方面问题：

（一）管理人员服务意识不强

"教学管理"向"为教学服务"的理念转变意识不够，许多"管理者"长期以来已经习惯于"管"而不"理"，"家长作风"根深蒂固，根本没有"管理就是服务"的意识。

高职院校教学工作的运行，犹如一部庞大的机器在运转，任何部门或一个环节，都必须严格地按要求来运行，任何细小的局部脱节，都有可能引起连锁反应，造成教学秩序的混乱。高职院校教学管理的目的就是使教学运行这部机器正常、有序、高效。教学管理各个环节本身也是互相关联、互相影响的，这一切都要求教学管理人员互相协作、互相沟通。目前，一部分教学管理人员只想着怎样使自己管理的工作不出差错，根本不了解与自己工作相联系的上一个环节和下一个环节是怎样操作、由谁来操作的。有些教学管理人员服务意识淡薄、工作效率低，不主动为与自己工作有联系的部门、管理者或服务对象提供方便或是帮助。其实，教学管理工作既是管理工作，又是服务工作，更是教育工作。教学管理人员在搞好教学管理的同时，更要以自己特定的方式教育影响学生，为全体教师和学生及其他教学管理人员提供方便与服务。

（二）教学管理行政机构和制度不成熟

高职院校教学管理机构大多是参照传统普通高校教学管理机构建制，机构繁杂，对教学过程管的过多、过细，大多情况下却烦劳功微，办事效率低，而且基层教研室的教学管理人员缺乏。

进入新时代后，高职教育教学改革、研究任务更加繁重，需要二级学院和教研室教学管理人员充分了解本专业市场需求和发展方向，掌握一定的教学管理方法，积极组织本单位教师参与教学改革、教学研究并积极加以实施。如果教学改革只是行政指令，统一格式地实行，必然无法形成各专业特色。只有加强二级学院和教研室教学管理力量，配合以相应的制度予以保证，才能有效进行教学改革和教学研究工作。

此外，我国高职院校教学管理制度不健全，教学质量评价标准不完善，教学质量保障监督机制不规范，教学管理过程的工作程序不清、职责不明，教学事故的认定和处罚制度不科学，用人、分配、奖励制度不匹配等，亟须建立适合高职院校高质量可持续发展的教学管理制度。

（三）专业培养目标定位不确定

高职院校教学计划中的培养目标应该是生产一线的技术人员和管理人员，应具有较强应变能力、不断掌握新技术，适应职业流动的需要。"现在，国际职业教育都非常注重职业教育的普通化，一方面，加强普通文化知识的教育、防止过早专业化；另一方面，加强职业基础知识、基本技能、基本能力的全面职业素质的综合训练，为某一两门专业技术的训练打下宽厚的基础"。与此同时，专业培养目标的确定对学生个性的发展重视不够，许多专业培养目标均未提培养学生的人格或发展学生的个性。若培养目标只提全面发展而不提个性发展，则容易导致教育教学工作只从社会本位的角度考虑问题而无视学生自身的需要，最终不利于学生的全面发展。一方面，高职教育是要帮助未来的劳动者发挥其自身所蕴藏的职业潜能，即实现职业个性化和专业化；另一方面，就是培养他们具有一种职业道德境界，将人类的真善美内化为职业素质。只有这样，学生才能真正全面发展，进而推动社会的进步。

（四）课程结构和教学内容改革滞后

新科技、新技术、新信息向现实生产力的转化越来越快。人们仅把照相技术原理付诸实践就花了112年，新技术革命兴起初期，晶体管技术的推广用了3年，而目前一项新技术从发明到应用于生产往往只需要几个月。知识经济时代产业结构迅速转换。

现阶段，我国高职院校课程设置的问题主要表现在：一是以学科内容为中心组织教学内容；二是专业技能训练面过窄，导致毕业生择业面窄；三是终结教育，毕业生缺乏继续学习的基础；四是不能及时调整强化方向，难以适应人才市场需求变化；五是不能及时更新内容，难以适应新技术、新工艺、新规范、新要求等产业发展态势；六是缺乏选课机制，影响学生个性发展；七是把负有提高国民素质任务的职业学校教育混同于短期职业培训；八是缺乏职业指导、创业教育和创新能力培养等方面的内容。

课程是一个动态的社会现象，每逢社会和生产力发生重大变革之时，其都会有质的飞跃。课程结构要实施综合化、模块化，建立"多元整合"课程观；课程内容要采取知识、能力、素质三要素多重、多种组合的综合化策略；课程实施采用弹性选课制、学分制，实现专业培养目标。

（五）教学管理文件不规范

截至2019年年底，全国高职（专科）院校共计1 423所，在校生人数1 280多万。我国高职教育发展速度快，规模大，办学方式多种多样，但教学管理方面还没有形成规范化的教学管理体系和质量管理评价体系，也没有标准化的高职教学管理经验，因此，各高职院校为了突出自己的办学特色，其教学管理体系和制度建设呈现多样性。此外，各高职院校为迎接上一级主管部门教学质量的检查和评估，需要制订一系列相应的教学文件，从而导致教学管理文件的临时性而缺乏系统性、规范性和连续性。

二、教学管理的对策

《国家职业教育改革实施方案》中指出："职业教育与普通教育是两种不同教育类型，具有同等重要地位。"随着我国进入新的发展阶段，产业升级和经济结构调整不断加快，各行各业对技术技能人才的需求越来越紧迫，职业教育的重要地位和作用越来越凸显。根据我国高职教育发展的实际情况，为进一步促进我国高职教育的发展并提高教学管理水平，应从以下五方面努力：

（一）强化分级教学管理

教学管理关键在二级学院（系、部），重心在专业教研室。教学计划的主要实施者是教师，教师是达到教学目的的根本保证，而教师的教学活动最基本的组织是专业（教研室），因此，专业（教研室）是教学管理的实体性组织，应将教学管理的重心下移至专业（教研室），使其处于教学管理的中心地位，成为教学管理的主体。这样，不仅可以使每位教师参与学校的教学管理，而且也能充分发挥每位教师的主动性、积极性，增强教师的主体意识和责任感，使学院的办学方向、目标能具体落实到每个教学环节和教学单元中。二级学院（系、部）的教学管理重点在于处理日常教学事务，组织、监督各教学环节的落实。院级教学管理重点在于制定相关的政策及规章制度，对一些重要教学环节提出指导性意见，履行组织协调、参谋、监督、管理、服务等职能。这种分级教学管理更能适合高职教育的特点，也可以满足高职教育的教学要求。若重心倒置，二级学院（系、部）及专业（教研室）总是围着教务处转，疲于应付，教师被局限于各种各样的条条框框，不能从管理方面去创新，则会影响教学质量的提高。

（二）加强高职教学管理队伍建设

根据目前我国高职院校教学管理人员的现状，一是学校教学主管部门可结合自身的工作特点，利用学校的有利条件，聘请校内外有关专家，采取集中短期培训方式，有步骤、有计划、有组织地对现有院、系级教学管理人员进行培训。二是在可能的条件下，相关部门适当组织院、系教学管理人员分期分批到校外参观、学习，与兄弟院校交流经验和体会，开阔视野。三是鼓励教师和教学管理人员开展教学管理的研究并抓好教学管理研究成果的评奖工作，给予获奖者一定的表彰和奖励。四是鼓励现有教学管理人员参加各种在职学习，以提高教学管理人员整体的文化素质。五是根据高职院校教学管理工作的需要，引进既具有大学教育专业又具有较高计算机与网络技术的人才充实教学管理队伍。通过各种方式的学习，他们可以具有现代意识和开拓创新精神，有助于逐步提高高职院校教学管理队伍的整体水平和科学管理能力。

（三）提倡高职教学管理的"五化"

高职教学管理的"五化"即"教学管理的民主化、科学化、程序化、制度化及规范化"。教学管理工作具有一定的规律性、有序性和时效性。面对成千上万的学生和教师，教学管理工作必须规范化，而科学、程序、制度是规范的前提，科学化的管理制度、决策与程序化的工作方法若不被人理解、接受与实施，可能只是一纸空文，而通过民主程序制定的规章制度和形成的决策，既能保证其科学性和可操作性，又能容易被人理解、接受，成为人自觉行动的指南。因此，任何制度和决策在公布实施前都应该交执行者与遵守者民主讨论。教学管理工作逐渐规范化后，教学管理的许多工作都应绘制成工作流程图，师生按照流程图办理相关事务可以大大提高教学管理工作的效率。

（四）加强教学管理信息化建设

教学管理的信息化和网络化提供了新的教学管理手段和方式，不仅能提高教学管理人员的管理水平和素质，还能减少管理层次并提高工作效率。高职院校若要加强智慧校园建设，则应通过数字校园来实现大数据管理，更为重要的是扩大教学管理的信息资源，缩短与学校其他管理部门之间的时空距离，使教学管理更加开放，从而使其更能满足高职教学改革的要求。

（五）实行灵活与多样化的管理

为解决稳定常规教学秩序与高职教学改革的矛盾，高职院校的教学管理应具有适应新形势变化的灵活多样性。如高职院校教学管理中各环节的组织管理，除了要保证各教学环节安排的科学、合理、有序外，还必须允许某一环节在一定的范围内可以作适当的调整。如每学期的课程表、教学进度安排，一方面，要保证其严肃性和相对的稳定性；另一方面，应允许适当调课以使教学需要与实践教学基地的具体情况相一致；考试管理中实践教学部分的考试主要由任课教师根据课程特点确定考试方式、考试内容并组织考试（时间、地点及参与考评的教师）等。这一切都需要高职院校教学管理具有一定的灵活性和多样性。

第二章 高职院校教学管理理念

第一节 人本理念

一、人本理念的概念

人本理念建立在对人的认识的基础之上。人本管理就是"以人为本"的管理理念，即以"人性"为核心，点亮人性的光辉，实现人的自我价值，提高人的整体素质，以谋求使人获得超越受缚于生存需要的更为全面的自由发展，从而实现组织目标，保证人与组织协调可持续发展的一种管理活动。

人是管理中最核心的因素。如何认识人的本质或本性是管理中的重大问题。人在管理领域中定位如何，人与管理目的的关系紧密与否，一直是管理学探讨和研究的核心课题。随着社会的发展和人类文明的进步，管理中的人性越来越引起人们的普遍关注。自古以来，中外学者对有关人性方面的假设都有自己独特的见解。如"受雇人""经济人""管理人"等。

马克思主义从人的存在和发展一般规律出发，论述了人的本质，从而奠定了人本管理的基础。马克思主义认为，人的本质通过人的三种属性表现出来：一是人具有自然属性，认为一方面，人具有自然力和生命力，是能动的自然存在物；另一方面，人又是受动的、受制约和受限制的存在物；二是人具有社会性，是社会的人，人的本质是人的真正的社会联系，是人在积极实现本质的过程中创造、生产人的社会联系和社会本质，人的社会本质不是抽象的，而是具体的。正因为人具有社会性，所以，人必然受到社会各种因素的影响，其中涉及与他人的关系。人的个性是人的社会属性的具体表现。因为个性是由社会性决定的，影响个性形成的因素主要是社会因素，个性的发展有赖于社会提供给个人的实际可能性；三是人具有精神属性，即人有理性、能思维、有思想感情、渴望自由、平等等精神方面的特性。可以说，如果抛开精神属性，就无法有力地说明人在自然属性和社会属性上与动物有本质区别。

　　需要是人的本性。人的一切活动无非是使自己的需要得到满足,而这种需要是多样的、复杂的,按满足需要对象的形态可分为物质需要和精神需要。按需要层次分,马克思主义从哲学的高度把需要分为生存需要、享受需要和发展需要三种层次;美国心理学家马斯洛则把需要分成生理需要、安全需要、归属需要、尊重需要与自我实现的需要。人的需要就是生存的需要、情感与自尊的需要、创造发展的需要;生存的需要是人的最基本的需要;情感与自尊需要属于精神需要的范畴,是建立在物质基础之上,但又超越物质需要,是人的本性决定了人需要情感、自尊;而创造发展需要则是高于情感与自尊的需要,是人在不断发现自我中创造和发展自己,是人固有的本质力量,而创造性的实践活动正是人的本质力量的体现。以人为本,就是人类的一切活动都要以满足人的需要为出发点,以实现人的全面发展为目的。从教育的起源和发展来看,教育产生和存在的前提是人,教育的目的是更好地实现人的自身价值。教育是以人为对象的活动,人贯穿于整个教育活动的始终,人是教育的主体。高职院校贯彻以人为本的教育管理理念,就是一切以教师和学生的发展为核心,为师生创造良好的发展条件和空间,实现其最大限度的全面发展。

　　学校教学管理是一门科学和一门艺术。向管理要质量,向管理要效益,早已成为现代人的共识,然而,如何管理才能出高质量和创高效益是摆在每位学校管理者面前的一个重要课题。进入新时代,理解人、尊重人的价值观将会得到广泛认可,"人本管理"理念将成为学校管理的重要内容。在"人本理念"的指导下,管理者不再把员工视为管理的对象,而是"战友"和"同盟军"。管理者对员工的态度将发生根本的转变,真正尊重员工,相信每位员工都能把工作做好,都具有做最佳员工的内在原始冲动。而阻碍员工达到这一目标的主要因素不是员工自身,而是管理者提供的环境条件。在这种情况下,员工的行为将发生根本的改变,不再因害怕惩罚而被迫工作,也不再因期望奖励而向管理者展示积极性,蕴藏在员工内心深处的价值实现感、成就感、事业心、自尊、自爱、自强心理与主动性、创造性将自然地发挥出来,进而可以自觉与管理者一道,把工作做得更好,为企业注入更强劲的发展动力。

二、人本理念的要点

　　高职院校的质量、效益、目标都是通过教师实现的,尤其是在知识经济呼唤创新精神的时代,教师的民主意识、参与意识大大增强,自主精神大大提高,学校管理更应最大限度地发挥教师的积极性、主动性、创造性。工业经济时代的传统教育是一种"标准化"教育，与之相适应的学校管理是强调统一性的"刚"性管理；而新经济时代的教育是鼓励创新的教育，与之相适应的学校管理是有较高理智水平的"柔"性管理。"柔"性管理是一种采用非强制方式和非权利性影响力，在人们心目中产生潜在的说服力，从而把组织意志转变为自觉行动的管理，"柔"性管理的最大特点是以人为本。有专家认为，柔性管理将成为21世纪学校管理的主要模式。

美国哈佛大学教授詹姆斯在如何对职工实施激励的研究中发现，按时计酬的职工仅能发挥出其能力的20%~30%，而如果对其施以充分激励，职工的能力可发挥出80%~90%，职工在受激励前和受激励后相比，潜力的发挥程度相差很大，这就是激励的作用。管理学家还认为：在任何管理中，人是起决定性作用的因素。为此，任何管理都要以人为中心，把提高人的素质、处理人际关系、满足人的要求、调动人的积极性和创造性的工作放在首位。

1981年，美国斯坦福大学教授巴斯卡尔与哈佛大学教授爱索斯在《日本的管理艺术》一书中概括了日本的经验，提出了管理的7个变量，即"7S"管理模式，包括制度、策略、结构、作风、最高目标、人员、技巧；他们把前3个变量"制度、策略、结构"称为"硬S"，把后4个变量称为"软S"，并通过日本松下公司和美国国际电话电报公司进行比较后认为，日本的成功之处在于他们侧重于"软S"，所以，人是管理的第一要素，人的精神因素和主观能动因素要靠强有力的成功的思想教育去调动。

"以人为本"的管理是在管理中高度重视人，服务于人，把人作为管理的主要对象、管理的最重要资源和管理的最终受益者，弘扬和尊重人的价值，全力开发人力资源，激发人的潜能，发展人的个性，谋求人的充分、和谐、全面、自由发展为最终目的的管理。以人为本的管理核心是把握人的心理规律，以关心人、尊重人、激动人的柔性管理为出发点，改善人际关系，激发人的积极性、主观能动性和创造性，从而提高劳动效率和管理效率。学校是知识分子密集区，教学管理中的人本理念就是要进一步解放教师，使每位教师的积极性都得到充分调动，创造力得到充分发挥。为此，必须找到一种能充分发挥教师聪明才智的制度结构，以打破对教师自由创造性的限制，彻底清除"外压内耗"的人为樊篱，提倡文明治校。即对教师的管理不仅要有严格的规章制度，还应体现在对教师的个性的理解和尊重，为教师提供实现自我价值的机会，满足教师的成就需求。只有充分信任和尊重他们，创建民主、和谐、轻松的教学氛围并为教师提供一个创造性发挥教育智慧的空间，才能使教学工作生机勃勃。

三、人本理念的实践

高职教育的培养目标是培养拥护党的基本路线，适应生产、建设、管理、服务第一线需要的德智体美劳全面发展的高素质技术技能人才。这一表述充分体现了以人为本的思想，为高职院校的管理工作指明了方向，因此，高职院校的决策者应把握人本管理的内涵，把握内求团结、外求发展的管理艺术。具体体现在以下五方面：

（一）深化对人本管理理念的认识

如何体现"以人为本"，即高职院校的教学管理决策和人事政策的价值取向先应该关注哪些群体？对于教师，在学术上要保障他们自由探索的权力和学术研究的条件，在决策时应尊重教师们的愿望和要求。清华大学原校长王大中教授曾阐述过"以人为本"的内涵：第一，要在学校的各项工作中重视人的因素，正确认识人的价值，发挥人的主观能动作用；第二，学校教育的本质是一个人文过程，是一个以人（教师和学生）为中心的过程；第三，在所有资源中，人才是最重要的；第四，不但在学术上发挥专家、教授的积极作用，在管理上也要发挥专家、教授的积极作用，要确立教师在办学治校过程中的核心地位。这些观点使我们认识到学校是一个以"人"为中心的活动场所，其管理活动是一种事实与价值相统一的过程，应该寻求人的活动的意义，努力实现人的价值。

（二）树立以学生为本的思想

"以人为本"对于学生而言就是落实在教学过程中的主体地位，全面推进素质教育。深化教学改革、创新人才培养模式、提高教学质量成为学校全面推进素质教育的核心工程之一。学校应致力于创新教学模式的实验与研究，建立以培养学生自主学习能力、创新精神与实践能力为主旨的教学体系，把调动学生学习积极性、加强学生学习指导性、提高学生学习有效性作为评价教学质量的基本标准。在教学活动中，要重视师生互动，创造和谐氛围；要鼓励学生互动，培养自我调控能力；要为学生创造自我表现的机会，使学生不断有成功的体验；要通过"设疑、讨论、交流"等教学形式的创新激发学生的主观能动性。

从性质上分析，高职院校既是一个教育机构（向社会提供准公共产品，完成一定的社会目标），又是一个特殊产业（隶属于服务范畴，需要通过教育服务获得一定的收入，以满足学校的生存和发展需要，具有服务性与非义务性）；从服务对象上分析，高职院校的服务对象无疑是学生，服务的提供者是作为法人的学校和作为自然人的学校教师，学校和教师提供的教育服务质量直接影响着学生质量和学生对所购买的教育产品的满足程度。因此，教育的主体是教师，客体是学生。从这个角度看，教育的以人为本应该是以教师为本，学校应该通过充分调动教师在教学和管理方面的积极性，提高教学质量，为学生提供最好的教育产品和服务，但是，以教师为本并不意味着教师比学生重要，学生应该是学校一切工作的核心，学生利益应该放在一切利益的首位，只有这样，才能最大限度地培养出优秀的符合社会需要的人才，也才能最终保证教师的最大利益和学校的可持续发展。从另一个角度分析，学生不仅是单纯的"顾客"，同时，还是学校作为一个非营利组织的成员，学校的工作效率和教育水平不仅取决于教师，而且取决于学生的参与程度和配合程度。因此，学生既是教育的主体，也是教育的客体，兼具双重角色。由此可见，教育以人为本应该是以师生为本，教师和学生都是教育的主体，而且学生应该是比教师更重要的教育主体，因为他们既是顾客，又是学校的重要组成成员，对于促进学校教育水平的提高和学校的发展起着不可替代的作用。教师的主体功能是以满足学生的主体需要为前提，学生必然成为教育的核心主体。高校要树立以学生为本的观念，学校的一切工作都是为学生服务的，应该把学生培养成为富有主体精神和创新精神的人作为学校教育的核心目标。若要实现这样的目标，必须有高水平、高素质和高度责任感的教师，若没有一流的教师，则很难培养出更多的一流的学生。只有充分发挥教师的主体精神，激发他们的主动性和创造性，才能塑造高层次的教育平台。

（三）强化情感管理

情感管理是一种通过情感的双向交流和沟通来实现的有效管理，以情感为主要特征的管理方式，把调动人的积极性作为出发点和归宿点，一方面，可以及时了解师生的合理需要；另一方面，还可以减少上下级之间、师生之间的矛盾，从而激发教师教书育人的积极性和学生刻苦学习的积极性，提高学校的育人效率。传统的走动管理和网络时代的互动管理都是情感管理的有效方式。如院系领导带头使用QQ、微信等网络通信工具即时与学生一对一地交流，进行思想和学习方面的沟通等。通过这些非正式的沟通与接触，学校的管理层可以了解到师生更多的愿望和要求，解决师生在教学和生活中的困难，消除误会，加深理解，增进感情，提高学校的凝聚力。将激励作为高职院校人本管理的一种途径。激励是管理的核心，也是人本管理的核心。由于激励的对象是人，因此，善用激励方式的管理者常常是优秀的人性化管理理念的实践者。

（四）重视培养学生的创新意识

创新教育是素质教育的一个重要部分，创新是人类与生俱来的一种潜能，可以使社会发展，使人类进步，是人们实现理想的基石。培养创新人才，是我们追求的目标，如果只通过教育和训练来培养创新，那么只能是南辕北辙，缘木求鱼，因此，教育不能教创新，而应该营造一种氛围，尊重学生的情感、自尊、理想与追求，构建平等协调、其乐融融的师生关系。目前，我国的高职教育总体来说仍然没有摆脱传统的以传授知识为主的教育模式，注重知识传授，轻视能力培养，尤其在计划经济体制下形成的人才培养模式，忽视了学生创新意识的培养，压抑了个性的发展，培养出来的学生习惯于墨守成规而缺乏创新精神。在信息技术时代，我们应该认真思考、总结现代教学管理中的经验与教训，使教学管理水平迈上新台阶。

（五）重视文化管理

文化管理是在一定的组织中，由共享的理想、价值观和行为准则构成，使个人行为能为集体所接受的共同标准、规范、模式的整合。高职院校文化管理是以人为本的管理的最高层次。它可以营造适合学校人文精神发展的校园文化，使师生形成共同的价值观和共同的行为规范，正确认识人与物、个人与整体、学校与社会、教育与服务等各种关系，以保持个人、学校和社会的可持续发展。为此，学校可以通过科技节、文化节、文化沙龙、影视评论、演讲会、辩论会、人物报告会等多种形式，大力开展校园文化活动，让师生的思想、道德、情操在丰富多彩的校园文化活动中升华，使师生的责任感、使命感、义务感、奉献精神得到强化。

我们应提倡尊重教育规律，尊重人才成长规律，尊重教育对象的身心成长规律，建立民主、平等的师生关系，教师应该深入了解学生、关怀学生、乐于和学生交往并及时掌握了解学生的动态，帮助学生克服困难，乐于接受学生的监督，尊重学生在教学中的主体地位，尊重学生的自尊心，尊重学生的个性特点与兴趣，创设民主的教学氛围；鼓励学生提出教学建议并积极采纳，鼓励学生发表不同见解；尊重学生独到的见解，了解学生的心态与需求。教师对学生坦诚相待、热情关怀，就会缩小师生之间的心理距离，促进学生的自我发展与师生相互尊重等。这就是一种满足个性的以人为本的价值观念。若以这种价值观念进行教育管理，则必然形成一种民主、自由、和谐，富有创造力的校园文化。

第二节　系统理念

一、系统理念的概念

系统是指由若干相互联系、相互作用的部分组成，在一定的环境中具有特定功能的有机整体。就其本质来说，系统是过程的复合体。系统理念是指运用系统理论中的范畴和原理，对组织中的管理活动和管理过程（特别是组织结构和模式）进行分析的理念。系统理念的要点如下：组织是一个系统，是由相互联系、相互依存的要素构成的；根据需要，可以把系统分解为子系统，子系统还可以再分解。如为了研究一个系统的构成，可以把系统分解为若干个结构子系统；为了研究一个系统的功能，可以把系统分解为各个功能子系统，而对系统的研究就可以从研究子系统与子系统之间的关系入手。

系统在一定的环境下生存，与环境进行物质、能量和信息的交换。系统从环境输入资源，把资源转换为产出物，一部分产出物为系统自身所消耗，其余部分则输出到环境中。系统在投入—转换—产出的过程中不断进行自我调节，以获得自身的发展。

运用系统观点来考察管理的基本职能，可以提高组织的整体效率，使管理人员不至于只重视某些与自己有关的特殊职能而忽视大目标，也不至于忽视自己在组织中的地位和作用。

二、系统理念的要点

（一）开放与流动原理

在现代管理中，其中的任何一个系统，都已经不再是孤立的、封闭的、静态的简单系统，而是有着广泛联系的、开放边界的、动态的复杂系统。这样的系统有一个基本特征，就是开放性和流动性，因此，在系统中充满了各种各样的联系，按照系统科学的观点，联系是由流通所决定的。在这个意义上，我们完全可以说，一个系统的活力就在于流通的性质与流通状况。系统的联系与流通，一般可分为系统与外部环境之间的联系与流通及系统内部的联系与流通。系统与外部环境之间的联系与流通，即系统不断地从外部环境中吸收维持和发展本身活力所需要的物质、能量和信息，同时，不断地向外界输出影响本身活力的物质、能量和信息。系统内部的联系与流通主要表现为内部的信息流，具体可体现为物流、资金流、人员流及管理方式和程序。

（二）功能与结构原理

功能和结构是系统论中的两个基本概念，二者常常同时使用，因此，系统功能和系统结构的关系，就成了系统研究中的一对基本关系，二者之间的关系可以表述为：系统功能的决定性和系统结构的体现性，即系统的结构是由系统的功能所决定的，而一定的系统结构只能体现它所对应的系统功能。正因为如此，在研究系统的秩序（或"有序结构"）问题时，要特别注意认真研究决定有序结构（结构序）的"功能序"，研究各因素间通过支配作用形成的联系并表现为支配链的"因子序"。研究系统中处于支配地位或支配作用的因素，即所谓"序因子"，发现其决定着系统的秩序。序因子的变化即支配关系或"主从关系"的变化，也就使系统的结构秩序发生变化，即"序变"。

（三）分解与协调原理

一个系统之所以可以分解，是因为系统由许多元素或许多子系统所组成，而这些元素或子系统是具有各自的结构和能级；一个系统之所以可以协调，是因为系统的构成元素或子系统之间具有相关关系，这种相关关系主要表现在：元素与元素之间的相关关系，元素与子系统、元素与系统之间的相关关系，系统之间的相关关系，子系统与系统之间的相关关系，系统与外部环境之间的相关关系。一个系统之所以需要分解，是为了研究子系统的结构与功能，以便更充分地展开子系统的能级；一个系统之所以需要协调，是为了有效地进行整合，以便充分地实现系统的整体性功能。系统的分解和协调过程是系统进行优化的过程，有助于纠正一些人存在着的把"局部服从整体"视为系统优化的全部观念所在的误解。实际上，系统优化过程包含了这样的基本思路：首先，将大系统分解为不同等级的子系统或不同职能的分系统，按照局部标准进行局部优化；其次，根据整体标准对子系统进行系统协调。这种分解和协调的过程要循环进行多次，优化过程的结果表现为系统整体最优，而各子系统或分系统也达到最优或接近最优。

三、系统理念的实践

高职院校的教学管理是一项复杂的系统工程，涉及诸多方面内容：一是制订合理人才培养方案；二是教学基本建设；三是师资队伍建设；四是科学合理地组织理论教学和实践教学；五是教学改革与研究；六是课堂教学和第二课堂活动相结合；七是教学质量保障体系。以上这七方面既是相对独立也是相互联系的。要把教学管理好，就应把它们视为有机整体和系统工程去研究，而不能作为彼此孤立的方面分割探讨。运用系统的思维和方法来进行计划、组织、协调、控制，才能提高高职院校教学管理的效率，取得最佳管理效果。

针对高职院校教学系统的特点，高职院校教学管理中系统理念的运用应包括以下三个主要方面：

（一）更新教学理念，创建"学习型组织"

"学习型组织"是近年来风靡世界的新型企业管理组织，是 21 世纪全球企业组织和管理方式的新趋势。美国麻省理工学院斯隆管理学院资深教授彼得·圣吉认为，学习型组织是指具有如下特征的组织：组织结构扁平化，组织交流信息化，组织形态开放化，员工与管理者关系由从属关系转为伙伴关系，组织能够不断调整内部结构关系等特征。进入新时代，每个人必须随时接受最新教育，人人都要持续不断地增强学习能力，才能在新时代中生存、发展与成功。学习型组织是一种普遍适用的组织形式，凡是有人群的地方，不论其种类、层次之不同，规模之大小，在理论上都可以建立学习型组织。进入新时代后，随着我国教育改革的不断深入，走向学习型组织将成为高职院校组织的必然选择，无论是教师的教还是学生的学，都以学习为前提，因此，教师自身的继续教育与持续学习显得格外重要。

（二）加强教学的考核评价工作

任何一个系统，只有通过信息反馈，才能实现有效的控制，从而达到预期目的。教学考核评价是诊断与改进的依据。教学考核评价主要由教学专家、教育行政管理部门、领导、同事、学生等从不同角度来实施，考核评价对象涉及教学过程的各方面，考核评价的方式主要有问卷、访谈及讨论，宏观与微观，定性与定量，即时与跟踪，过程与结果，总结性评估等，应根据评估的内容和目的选择使用，以获得全面而准确的数据。教学评估的结果对改进下次或下一个教学项目，有很好的参考价值和指导意义，可以使教学绩效更高，有利于避免资源浪费。

（三）处理好突出重点和整体提高的关系

高职院校教学管理是一个整体，整体的优化取决于各组成部分之间关系的优化与协调，因此，高职院校的教学管理必须有开放性，以重点带动一般的方式提高整体教学水平的提高。

总之，高职院校教学管理工作要树立系统的理念，不断研究高职院校教学管理中的新问题，探索切实可行的管理模式，以提高管理的整体效益和效率，为教学管理建设服务。

第三节 就业理念

高职院校要适应人才市场的需要，以培养学生的就业能力、创新能力、创业能力为重点，突出实践教学，创新人才培养模式和机制；要配备强有力的就业工作队伍，建设完善就业服务体系，把就业指导的"全程化、全员化、专业化和信息化"提高到新的水平上。职业教育必须坚持就业为导向改革创新，要牢牢把握面向社会、面向市场的办学方向。因此，高职院校要培养学生树立正确而良好的就业理念。

一、高职院校就业工作的困境

高职院校办得成功与否，一条重要的衡量标准就是看其毕业生是否受社会欢迎，是否有较高的就业率和就业质量。目前，高职院校在就业工作方面存在的主要问题和困难有以下四方面内容：

一是就业指导服务体系尚未实现有效运转，也没有建立与专业相适应的全程化、全员化的工作模式，更无法开展个性化服务。就业指导工作仅停留在举办讲座、现场招聘、提供信息等方面，没有形成规范化、科学化、系统化、多元化的就业指导工作体系。

二是就业指导人员水平参差不齐，特别是二级学院和基层教研室就业指导工作人员配备不齐全，对就业指导工作的内涵理解不够深入和全面，缺乏专业的、高素质的职业指导师；对就业指导的研究还停留在初浅阶段。

三是社会对高职学生在认同上存在偏差，当前社会上存在"人才高消费"现象，如许多招聘会上，一些用人单位将高职毕业生拒之门外，人为地加大了高职毕业生的就业难度。现行的人事管理体制、用工制度、毕业生待遇等因素也对高职学生就业产生了不利的影响，出现就业结构性矛盾，造成供需严重不平衡。

四是高职毕业生还普遍存在着不良的就业心理，不愿从事基层工作，眼高手低，怕苦怕累；经受不住择业中遇到的困难和挫折，情绪失控等。许多高职学生无法对自身进行合理定位，难以接受就业岗位大众化的现实，没有做好从一个普通劳动者干起或是独立创业的准备，不适应人才需求和人才流动的市场化趋势。

二、高职院校就业理念的实践

鉴于就业工作所面临的困难和问题，高职院校应在教学管理中明确"以服务为宗旨，以就业为导向，加强毕业生的思想教育、就业教育、创业教育，拓宽毕业生就业渠道，完善毕业生就业追踪调查工作，把就业作为学校绩效考核的重要指标，全力完成毕业生的就业工作"的任务，逐步实现"就业指导理念人本化，就业指导工作系统化，就业指导人员专业化，就业指导服务全程化，就业指导形式多样化，就业指导责任全员化"的最终目标。

（一）就业指导工作系统化

解决就业问题的基础环节要从专业设置和专业建设入手，高职院校专业设置和专业建设要瞄准经济与产业结构调整的走向，在广泛调研的前提下，组成由行业、企业、学校参加的专业建设指导委员会，对人才需求预测、产业发展前景分析、人才培养目标、教学计划安排、主干课程设置、能力结构要素、专业开办条件及专业建设的社会可利用资源等方面进行评议、论证、审核。通过这种产销链接的形式，学校专业设置的定向才能是明确的，专业建设的目标才能是清楚的。与此同时，由于社会需求的不确定性，应及时进行专业调整、改造；同样，专业建设也需要这种产销链接的形式，给予其新的内涵。

高职教育必须以就业为导向，进行正确定位，才能办出特色：

首先，高职教育要坚持以社会需要为目标，坚持面向生产、建设、管理、服务第一线，根据岗位和岗位群需要，培养下得去、留得住、用得上，实践技能强，具有良好职业道德的高素质技术技能人才。

其次，专业设置上，要突出地方性、实用性和灵活性。

最后，专业建设坚持就业导向，专业教学的各个环节都要以就业为导向，形成有利于就业的教学链，做到教室、实验室和现场相结合，知识学习和技能操作并重，使学生在校时与社会近距离，毕业时与社会零距离。

高职院校从人才培养模式的创新做起，进行教学体系的改革，努力打造订单式的培养方式，满足用人单位的需求：

首先，要进行课程设置和教学内容的整合。传统的基础课、专业基础课、专业课的课程结构安排正在越来越多的学校内进行调整，根据用人单位需要，调整课程设置和课程教学内容，实施课程整合。其次，实施订单培养试点。高职院校可瞄准市场需求，主动根据用人单位需要进行教学改革，包括实施专业设置、课程安排、教学内容、教学形式与方法等各方面的调整，适应对应企业技术岗位对技术、工艺的需要，毕业生走上工作岗位后很快能进入职业环境，适应技术要求；安心岗位工作，用人单位非常欢迎订单式的培养方式。这种方式减少了用人单位在岗前培训所需花费的人财物方面的投入。

再次，推行毕业实习、毕业设计和就业相结合。将毕业设计环节放到企业中去进行，同时，进行上岗前的训练，有利于企业了解毕业生并作为企业接收的考察过程。

最后，实施 $1+x$ 证书制度。高职学生通过培养参与考核获得全日制普通教育学历证书，同时，根据专业发展、产业发展、技术革新和个人就业创业、兴趣爱好、可持续发展、终身学习的需要申请培训和考核获得多个多类职业技能等级证书。有利于学生转换岗位的适应能力和社会发展对人才多样性、复合型需求，提高学生就业能力和创新创业本领。实施 1+x 证书培养制度，既是进行人才培养模式改革的重要内容，也是提高毕业生就业质量的重要保障。

（二）就业指导人员专业化

拥有高素质的就业指导人员是开展高水平的就业指导工作的人才保障。高职院校应尽快提高就业指导教师队伍的整体业务素质，将就业指导教师队伍建设纳入整个学校师资队伍建设中，努力提高就业指导队伍的专业化和职业化水平，不断加强对现有就业指导人员的培训，逐步建立一支具备人力资源管理、教育学、心理学、社会学、法律、劳动人事学等相关知识的专业化、职业化师资队伍。

（三）就业指导服务全程化

学生择业观的形成是一个连续的渐进的过程，需要较长时间的培养和积累，因此，就业指导不应该局限在临近毕业阶段，应贯穿人才培养的全过程。就业指导工作必须从大学一年级开始，对学生职业生涯进行一个全面的、详细的、具体的规划，向各年级的学生介绍就业的最新动态，而不仅仅局限于毕业生。三年的就业指导可以逐步构建"入学初引导教育、入学后渗透教育、实习中跟踪教育、毕业前强化教育"的全程化服务体系。具体实现以下目标：一是提早开展就业指导教育，使每个学生明白国家的就业政策是"双向选择、自主择业"，让学生明白自己是就业的主体，使学生树立起危机感和忧患意识；二是就业指导教育可以使学生能够面对现实，转变择业观念，树立起"为了明天的就业，今天要努力学习"的良好心态，确立奋斗目标和今后职业理想；三是就业指导教育可以帮助学生在就业和人生方面得到科学规划，启发学生认识自我，从性格、能力、专长、价值观、事业兴趣、心理测试等提出人生规划；四是就业指导教育，可以给学生传授求职技巧，包括应聘信、面试、服装、社交仪态、化妆、角色体验等必要的培训，使学生能提前做好就业准备，真正面向市场。

（四）就业指导形式多样化

高职院校应充分利用社会资源，采取多种形式，提高就业指导工作的针对性和有效性，具体途径有：一是聘请相关专业教师或职业辅导专家对学生做就业形势政策分析、职业生涯规划、职业咨询服务、求职技巧等方面的讲座，提高学生整体就业素质；二是加强就业信息网络建设，为毕业生和用人单位提供高质量的信息服务平台，同时，还应该加大毕业生就业信息和就业状况的分析和调查，建立校友会；三是拓宽渠道，扩大毕业生就业的领域，高职毕业生就业的主要方向是基层的生产、建设、管理与服务一线,因此,高职院校要努力培养学生的自我创业能力,要注重培养学生"白手起家"创办小企业的精神,使更多的求职者变成岗位的创造者;四是了解市场需要,掌握用人单位需求动态,举办人才招聘会。

(五) 就业指导责任全员化

如果说就业指导工作是一项长期性的系统工程,那么它的顺利实施也一定要借助此工作方方面面的人的共同参与。提高高职学生的综合素质,增强其在职业社会中的竞争能力,理应成为高职院校全体教师的责任。辅助开展这项工作的人员范围非常广泛,包括高职院校各级领导、学校就业指导专干、学生管理工作者、专业教师、心理咨询人员、行政人员及后勤服务人员等。所谓全员的概念,就是要调动校内外所有涉及和关心高职学生就业工作和职业发展的所有人士的关心和参与。强化就业指导理念的人本化可以实施就业指导工作的系统化、专业化、全程化、多样化、全员化,许多高职院校不仅在人才培养方面取得了较大成效,而且也使毕业生的职业能力有了显著提高,尤其是高职院校毕业生的就业率和就业质量也有了较大幅度的提高。

三、高职院校就业理念的提升

高职院校就业理念的提升是一项系统的工程,主要应从以下三方面进行努力:

(一) 规范日常就业指导工作

日常就业指导工作的规范化首先是要重新调整就业指导部门机构。在此前提下,高职院校应进行科学的岗位职务分析,并依据职务分析的结果进行细致的工作分工。首先,要实行责任到人,挂牌上岗的管理制度;其次,要建立就业指导的流程化管理,从新生入学开始,就业指导就要开始工作,按照大学生能力与心理发展特点分阶段地安排工作内容,把就业指导贯穿于整个大学教育过程。这实际上是就业指导工作环节的规范化。

(二) 强化就业指导和完善调研制度

首先,高职院校要努力强化现行就业服务指导所从事的各项基本工作,使诸如签约、办理手续等日常性工作的水平大幅提升。这一任务应在短期内完成,为进一步开展其他工作提供一个良好的平台。其次,高职院校若要建立需求预测和工作调研制度,一是要通过对就业市场的预测,帮助毕业生正确把握就业方向,也为就业指导机构调整工作内容提供客观依据;二是要通过对毕业生就业工作情况、就业指导机构运作情况和各有关方面情况的调研，总结成功经验，发现问题，为改进工作方式和提升工作水平找到依据。

（三）建立职业规划指导工作评价系统

对职业规划指导工作进行考核评价是强化就业服务指导工作、满足高职院校学生和用人单位需求的重要手段。为此，要建立一套对就业服务指导工作全面考核和评价的体系。在评价内容方面，除国家对各高职院校的"一次就业率"要求和学校内就业工作目标外，主要内容之一是进行服务对象对就业指导机构的"工作满意度"调查。调查的内容不仅包括服务项目、服务水平和服务态度方面，还应该包括对高职学生职业生涯塑造效能方面的指标。上述评价及跟进的措施可以有效地促进高职院校学生的就业，从而提高学生与用人单位对就业服务指导工作的满意度。

第四节 创新理念

教学管理工作不是一项简单的适应性工作，而是一种不断解决新问题的创新工作。教学管理改革与创新要求管理者在充分尊重教学管理客观性的同时也实现管理主观性的能动发挥。

一、创新理念的概念

当创新这个名词在管理学或经济学的教科书中出现时，通常与设备的更新、产品的开发或工艺的改进联系在一起。无疑，这些技术方面的革新是创新的重要内容，但不是全部内容。创新是一种思想及在这种思想指导下的实践，是一种原则及在这种原则指导下的具体活动，是管理的一种基本理念。

二、创新的类别与特征

系统内部的创新可以从不同角度考察：

从规模及对系统的影响程度来考察，可将创新分为局部创新和整体创新。局部创新是指在系统性质和目标不变的前提下，系统活动的某些内容、某些要素的性质或其相互组合的方式，系统的社会贡献的形式或方式等发生变动；整体创新则往往改变系统的目标和使命，涉及系统的目标和运行方式，影响系统的社会贡献的性质。

从环境的关系来考察，可将创新分为消极防御型创新与积极攻击型创新。防御型创新是指由于外部环境的变化对系统的存在和运行造成了某种程度的威胁，为了避免威胁或由此造成的系统损失扩大，系统在内部展开的局部或全局性调整；攻击型创新是在观察外部世界运动的过程中，敏锐地预测到未来环境可能提供的某种有利机会，从而主动地调整系统的战略和技术，以积极地开发和利用这种机会，谋求系统的发展机会。

从组织程度上看，可将创新分为自发创新与有组织的创新。任何社会经济组织都是在一定环境中运转的开放系统，环境的任何变化都会对系统的存在和存在方式产生一定影响，系统内部与外部直接联系的各子系统接收到环境变化的信号后，必然在其工作内容、工作方式、工作目标等方面进行积极或消极的调整，以应付变化或适应变化的要求。与此同时，社会经济组织内部的各个组成部分是相互联系、相互依存的。系统的相关性决定了与外部有联系的子系统根据环境变化的要求自发地作了调整后，必然会对那些与外部没有直接联系的子系统产生影响，从而要求后者也作相应调整。系统内部各部分的自发调整可能产生两种结果：一种是各子系统的调整均是正确的，从整体上说是相互协调的，从而给系统带来的总效应是积极的，可使系统各部分的关系实现更高层次的平衡，除非极其偶然，否则这种情况一般不会出现；另一种是各子系统的调整有的是正确的，而另一些则是错误的，这是通常可能出现的情况。因此，从整体上来说，调整后各部分的关系不一定协调，给组织带来的总效应既可能为正，也可能为负（这取决于调整正确与失误的比例），即系统各部分自发创新的结果是不确定的。

与自发创新相对应的，是有组织的创新。有组织的创新包含两层意思：系统的管理人员根据创新的客观要求和创新活动本身的客观规律、制度化地检查外部环境状况和内部工作，寻求和利用创新机会，计划和组织创新活动。与此同时，系统的管理人员要积极地引导和利用各要素的自发创新，使之相互协调并与系统有计划的创新活动相配合，使整个系统内的创新活动有计划有组织地展开。只有组织的创新，才能给系统带来预期的积极的比较确定的结果。

鉴于创新的重要性和自发创新结果的不确定性，有效的管理要求有组织地进行创新。为此，必须研究创新的规律，分析创新的内容，揭示创新过程的影响因素。

当然，有组织的创新也有可能失败，因为创新本身意味着打破旧的秩序，打破原来的平衡，因此，具有一定的风险，更何况组织所处的社会环境是一个错综复杂的系统。这个系统任何一次的突发性的变化都有可能打破组织内部创新的程序。有计划、有目的、有组织地创新，取得成功的机会无疑要远远大于自发创新。

三、创新理念的实践

(一) 高职院校教学管理理念创新

从世界范围看，在高等教育系统中增长最快的是高等职业教育。发达国家高等教育发展的经验告诉我们，适应能力的降低往往是高等教育急剧扩张所造成的后果之一。我国的高等职业教育已从规模发展转到以提高质量、注意内涵建设的轨道上来，怎样才能提高教学质量，办人民满意的高等职业教育，成为广大高职教育工作者乃至全社会最关心的问题。随着办学规模的不断扩大，高职院校在办学模式、教学方式、实训基地建设、实现学校"产学研一体化特色办学，打造岗位能手"的培养目标等方面，仍须进行深入的研究与探索。教育创新是世界教育共同发展的趋势和方向。没有教育的创新，没有办学思路的创新，就没有教育的现代化。如果走不出原有的办学模式，走不出传统的办学思维方式、走不出短视的固有观念、走不出常规的管理思路，高职院校必然被与时俱进的时代大潮淘汰。只有推进产学研有效结合，构建新的教学管理模式，探索新的管理机制，高职院校的人才培养质量和核心竞争力才能全面提高。

1. 创新教育观念

观念的转变是高职院校发展的前提。思路决定出路，有创新才能创业。在教育观念上应突破老模式、老调子，树立具有高职教育鲜明特色的全新理念。为此，应当树立以下五方面观点：

(1) 速度发展观。高职教育的竞争决不仅是教学楼的竞争、硬件投入的竞争，也不仅是办学理念的竞争和质量特色的竞争，更是速度的竞争。要坚持把思变求快的发展作为第一要务。纵观全国，1 400多所高职院校中强手如林，国家示范性（骨干）高职院校、国家优质专科学校、国家"双高计划"高职院校，可谓英雄辈出，其中不能提速发展的高职院校将面临被淘汰出局的危险。高职院校必须从传统的、习惯的、熟悉的思维中走出来，坚持快速发展，要有高人一等的新思路和快人一步的新举措。

(2) 市场第一观。高职教育管理应树立市场第一观，高职的生命力在于为市场培养适销对路的"人才产品"，没有市场，便没有高职。离开市场去运作，必然被市场抛弃。专业建设看市场、课程设置看市场、教学改革看市场，质量保障仍然要依据市场对人才的需求。要树立"超越自己不是新，超越别人不是新，赢得市场才是新"的市场观。贴近企业、依托行业、紧联科研，推进产教融合、校企合作、产学研一体化发展、校企协同育人。坚持在服务中求结合，坚持把专业变成连接产业的纽带。坚持没有社会需求的专业不办；没有企业依托的专业不办；没有企业家指导的专业不办；没有形成自身优势的专业不办；实现"产业—专业—职业—就业—立业"的市场环。

（3）特色建设观。高职院校人才培养特色建设是综合、复杂的系统工程，必须从培养目标、教学方式、教学条件、教师素质等方面进行改革。高职院校只有改变"学科型"教育模式，开展产学研合作，实施多证书教育，加强实践教学，提高办学质量，办出自己的特色，才能在激烈的竞争中求得生存与发展，才能为区域经济发展服务。高职教育要做到理论与实践互动、培养与需求联动，应该实现专业与市场接轨；课程与岗位接轨；职业资格标准与核心技能接轨；实训与行业新技术、职业新能力接轨。高职院校应在接轨中找准自己的定位，办出自己的特色。

（4）人才培养观。"进来的是新手、走出的是能手"是高职人才培养的内在要求。新时代需要的人才既能面对世界，又能面向未来，既有综合素质，又能上岗即用，是适应市场经济，具有现代意识现代技能的创业型、创造型、创新型人才。培养这样的人才就要求突出：培养方向的职业针对性；培养目标的技术应用性；培养过程的实践开放性；教学模式的灵活适应性；教学内容的超前先进性；师资队伍的高标双师性；实践教学的企业参与性。

（5）持续发展观。"以人为本，全面、协调、可持续的科学发展观"是具有战略意义的发展观。按照科学发展观的要求，办好高职院校的标志不是规模，而是质量和特色。实现高职院校科学发展的指导思想特色要鲜明，发展要加速，把重点项目投入与日常教学投入协调起来，把发展规模与体制机制创新结合起来，建设资源节约型、环境和谐型校园，以服务区域经济社会发展为目标，以专业对接产业为基础，扩大校企合作的深度和广度，坚持"高水平是财富，低水平是包袱"的理念，坚持每项建设的高标准，不断提升学院持续发展的能力。

2. 突出以教学工作为中心的特色

教学工作不仅是学校的中心工作，而且也是学校最本质最经常的活动。以教学为中心就是以办学质量和办学特色为中心。能否像重视基建投入一样重视教师队伍和实训基地建设；能否像重视招生一样重视学生的就业，是决定高职院校能否把教学质量提高上去的重要前提。我们必须清醒地认识到，我国高职教育在高速发展过程中出现的亟待解决的问题将主要依赖内涵建设或软环境的营造。软环境营造得好坏直接决定着硬件作用发挥的优劣，决定着教学质量的高低。教学质量是我们的生命线，办学特色是我们的立足之本。没有教学质量就失去了办学特色，就丢掉了品牌。必须坚持以教学改革为核心，以转变教育思想、教育观念为先导，以提高教育教学质量为目标，以培养高素质技术技能人才为目的；从专业设置、课程建设、教学组织、实习实训管理、教师队伍建设等方面加强过程管理，不断提高教学质量；逐步构建起一个适应产业发展需求，具有鲜明特色的职业教育平台，使高职院校的教学既有突出的技能特点又具有鲜明的工学结合特色。

（1）以就业为导向，加强专业建设是高职教育教学改革和建设的核心内容。专业建设是高职教育与社会需求的结合点，是提高人才培养质量的关键环节，也是保持可持续发展的动力。产业发展和经济结构调整对人才的需求与高职院校专业建设仍存在不适应、不同步的矛盾。高职院校在专业建设方面，应努力实现三个转变，即从知识本位向能力本位转变，从专业学科本位向职业岗位技能本位转变，从招生本位向就业本位转变。专业设置和建设要坚持工学结合，构建适应区域经济社会发展、职业特色鲜明的专业人才培养模式。

（2）以能力为本位，加强"三教改革"是高职教育改革的重点和难点。高职教育必须解决的是人才培养的质量与市场需求之间存在差距的问题，教师、教材、教学方法是关键。课程设计应紧紧围绕产业结构调整的需要，结合专业建设和课程建设，编写出包含新技术、新工艺、新规范、新要求的教材，使教材具有现代特色，新型活页式、工作手册式教材是教材建设的主要内容。高职院校应自觉运用现代教育技术理论，有效使用各种现代教育技术，开展线上线下混合式教学改革，创新教学方法和方式改革。

（3）以技能为中心，加强实训基地建设是由高职教育人才培养目标的特殊性决定的。高职院校通过工学结合把行业的优势变成实习实训的优势，采取自建一批、合建一批、整合一批、委托一批的方法，把校内实训基地建设和企业实训基地建设结合起来，力争把课堂搬到企业去，把实训放入车间，使学生在浓厚的职业氛围中提升职业素质，在真岗真训中掌握职业技能。

（4）加强双师队伍建设，构筑一支既掌握专业操作技能、又具备基础理论知识的双师型教师队伍。围绕重点专业建设和实训基地建设，引进一批技术技能型大学毕业生，选拔一批骨干教师进修和到合作企业实践锻炼，聘任一批企业高技能兼职教师充实教学，多渠道对教师分批进行业务培训，提升双师素质。建设一支职业能力精、动手能力强、岗位经验丰富、专业知识厚实的双师教师队伍。

3. 建设和谐校园文化

高职院校的校园不能单靠制度来管理，还要靠理念、靠文化来熏陶。高职院校应注重创建职业文化、管理文化、道德文化和人文文化，使校园文化建设真正贴紧教育教学，贴紧高素质技术技能人才培养，努力实现教学、管理、基建、后勤服务等都具有鲜明的职业教育特色；把以就业为导向的职业教育思想贯穿在校园文化建设中，借鉴企业文化建设经验，建设以职业文化传播为取向的和谐高职校园文化。我们要把"一切为了学生发展，一切为了社会需要"的理念植根于每位教职员工的心中，把每项管理都当成"为学生成长成才服务"、把每项服务都做成"精品"的管理理念，变成教职工的自觉行动，努力打造具有鲜明高职教育特色的文化品牌。

（二）高职院校实践教学管理创新

实践教学管理创新对高职院校实现人才培养目标至关重要，是实现实践教学计划目标、提高实践教学质量的重要保证。

1. "产学研"一体化教学模式迫切需要实践教学管理创新

产学研合作教学模式是高职教育的特色，已被社会、院校及广大教职员工和学生所认同，如何将其完善并对与其相结合的各环节加强管理，已成为高职院校提高教学质量、办出特色的重要课题。

2. 校内实践教学管理创新

一是实践教学的队伍管理创新。实习实训场地设施的管理一般都直接或间接地涉及对人的管理，从根本上说人是管理的核心，具体内容包括定岗定编选用人员、推荐培训、考核评价等。在这些工作的实施上，应该遵循三个原则：能位原则（人尽其才、量才任用、责权相应）；效能原则（用能人、争创效益）；激励原则（奖勤、罚懒、除庸）。

二是实习实训教学管理创新。高职院校实习实训主要包括：课程实训、整周实训、认识实习、跟岗实习、毕业综合实践、顶岗实习等。要根据中华人民共和国教育部（以下简称"教育部"）印发的《职业学校学生实习管理规定》加强规范和创新实践教学管理。

三是实践计划管理创新。为避免工作中的混乱和随意，切实达到工作目标，制订相应的计划是必要的。计划管理应该遵循统一性、先进性、科学性、协调性、经济有效性、动态反馈性的原则，可分为长期计划、中期计划、短期计划和日常工作计划。

四是工作评估创新。为不断提高实践教学的质量，使实践教学工作的开展不流于形式，更好地调动实践教学指导教师的积极性并及时发现存在的问题，调整政策，制定一个合理的评估制度是必要的。工作评估一般应遵循主体性、可比性、可操作性、可度量性的原则，按类别可分为条件评估、过程评估和结果评估。

3. 校外实践基地管理创新

高职院校校外实践基地从建立到管理，由于受传统观念影响及学校自身存在的管理体制问题，致使校外实习实训达不到预期的效果。基于上述原因，高职院校校外实践基地的管理创新应采取以下三项措施：

一是学校主动出击，争取所在地政府的支持。政府可根据院校实习实训的实际需要，出台政策，把高职院校实习实训工作纳入管理高职教育的范围，从实习实训地点的选择、政策的优惠直至考核，都做出明确规定，以使高职院校的实习实训工作更具权威和法律效力。

二是坚持有为才有位的工作思路，在加强校内实验实训的基础上，发挥学生的创造精神，做到顶岗、挂职有作为，以吸引和开辟更多的长期较稳定的实习实训基地，争取社会、企业上门找学生进企业、入社会进行实习实训。

三是高职院校要切实改革对学生的实习实训管理，重点是建立和完善组织保证措施，如建立上下协调的实践教学组织系统，通过岗位责任制度明确各级组织的相互关系、各自承担的任务和所负的责任，在决策层、管理层、执行层均有明确的分工和责任；实施实习实训信息化管理，开发实习管理网络平台。

（三）高职院校教学质量管理创新

1. 树立"市场适应度"质量观

所谓市场适应度质量观，就是要把高职院校毕业生就业率高低作为衡量教学质量高低的主要标志。经济和社会在不断发展，产业、行业千差万别，在千变万化的就业大市场中，若高职毕业生就业率高，则说明"产品"质量好，特色鲜明；反之，若高职毕业生得不到社会的认可，难以就业，则说明"产品"质量差。树立高职教育教学新的质量观，将推动和促进高职院校办学风格的创新，从而提高"产品"质量。

2. 明确教学质量管理目标

一是建立科学合理的教学诊改体系，促进教学管理的规范化、科学化，形成分析、评价、反馈、改进制度，营造良好的教学环境，达到最佳教学效果，全面提高教学质量，保障学校人才培养目标的实现。

二是建立教学质量检查考核制度，制定科学的、可操作的教师教学质量考评指标体系，建立日常的教学检查和阶段性教学质量检查制度，加强对教师教学质量考评。

三是强化教学全过程的管理，包括专业设置、招生、人才培养方案制订与实施、教学常规运行、考试考核、实习实训、毕业生质量跟踪调查服务等。

四是加强教学工作督导制，积极开展经常性的教学工作督导，及时提供质量信息。

五是有效开展教学诊改工作，与日常教学管理与建设相结合，以教师教学和学生为重点，建立起科学的诊改指标体系。

六是建立教学状态数据信息的采集和统计制度，对新生入学基本情况、学生学习和考试情况、毕业生质量及就业情况等主要教学信息进行定期采集和统计分析，不断改进学校的教学工作方式。

3. 高职院校教学管理的质量标准

高职院校教学管理的质量标准主要包括以下八个方面：

（1）组织体系质量标准，如组织机构、管理制度、计划管理、教学档案与教学资料等方面的质量标准。

（2）专业建设质量标准，如专业设置与开发、人才培养方案、重点专业建设等方面的质量标准。

（3）课程管理质量标准，如课程标准、课程开发及教材使用、校本教材、资源开发与利用、选修课程等方面的质量标准。

（4）师资队伍建设质量标准，如师资队伍建设规划、师资结构、师资培训、教师考核等方面的质量标准。

（5）设备设施管理质量标准，如管理制度制定与执行、使用与维护等方面的质量标准。

（6）教学过程管理质量标准，如教学常规、实践教学、现场实习、毕业设计（论文）等方面的质量标准。

（7）教学质量监控质量标准，如监控体系、考核与评价等方面的质量标准。

（8）教研与教改工作质量标准，如人才培养模式、教学模式、方式和手段、教科研工作等方面的质量标准。

总之，实践是创新的基础，高职教育教学管理改革与创新的目的是培养学生实践能力和创新精神。只要高职院校大胆探索并敢于实践，就一定能培养出一批又一批适应社会主义现代化建设事业发展需要的高素质技术技能型人才。

第三章 高职院校教学管理组织

第一节 高职院校教学管理组织系统概述

一、我国高职教育管理体制

（一）我国高职教育管理体制改革的原则

1. 高职教育发展的基点是坚持高标准和高起点

一是拿出最好的资源来办高职院校，办学条件要达标准；二是办学层次要提高，当前主要是办专科层次的高职院校为主，今后逐步试点本科层次职业教育。

2. 高职教育的办学资源

要坚持利用现有的教育资源发展高职院校，以地方政府举办为主，引进社会力量办学，鼓励行业企业参与高职教育办学。

3. 高职办学与行业企业发展的关系

要坚持依托行业或企业办学。这是行业和企业的需要，也是培养高职人才的需要。高职院校只有与行业和企业联合办学，才能使培养目标的确定更科学；只有与行业和企业联合办学，才能把行业（企业）办学的优势用于高职院校的发展；只有与行业和企业联合办学，才能办出特色。

（二）高等职业教育管理体制改革的对策

1. 明确地方政府和职能部门的职责

按照《中华人民共和国职业教育法》（以下简称《职业教育法》）等政策法律规定，进一步明确地方政府及其有关部门的职责，特别是教育行政部门要切实加强统筹管理，努力构筑大职教体系，这一体系的基本特征有：一是中高职衔接贯通培养，允许优秀的中职毕业生选报进入高职院校；二是就业前后融通，将职前职后教育一体化；三是行业职业覆盖，使高职教育既要覆盖不同行业的同类职业，同时，也要覆盖不同行业中的不同职业；四是管理层次清晰，明确各级各类管理机构的职责，做到各司其职。

2. 充分调动积极性，强化办学自主权

加强政府统筹管理，充分调动各部门的积极性，强化办学的自主权。高职院校也要顺应改革的需要，主动适应经济社会发展，按"放管服"政策，坚持自主办学，从"等、靠、要"的思想束缚中解放出来，增强自身活力，努力提高教育质量，增加办学效益。

3. 建立优化配置高职教育资源的机制

我国高职院校的规模、结构、效益和质量还有优化的空间，特别是存在规模效益严重偏低的情况。优化高职教育资源必须做到：第一，冲破传统的计划管理模式，建立与社会主义市场经济相适应的高职资源配置市场，彻底改变高职资源由政府主管部门来配置和调节的单一模式，通过市场调节，合理科学地优化配置高职资源；第二，解放思想，实行跨行业、跨地区优势互补的高职院校联合与重组，实现高职教育的整体优化。

4. 建立多样化的高职教学管理体制

实行多种办学体制的关键在于转变政府的管理职能。政府主要应承担对各类学校的宏观指导和统筹协调，承担对各类高职学校设置标准和评估体系的制定等任务。

二、高职院校柔性管理体制

柔性管理是倡导企业主动适应变化的管理思想，与柔性制造系统、人本管理、权变管理虽有共同之处，但有本质区别。柔性管理的目标是追求企业的整体柔性，包括人员柔性、组织结构柔性、企业文化柔性等。实现柔性管理要以顾客要求为导向，以企业再造为手段，以学习型组织为目标，以信息化为基础。探讨高职院校柔性管理体制设计问题需要在此基础上进行。

（一）高职院校管理必须选择柔性管理

柔性管理思想产生的背景及目的与刚性管理截然不同，其诞生于后工业化社会新经济崭露头角时期。这一时期的社会环境变化剧烈而迅速。随着科学技术的发展，产品更新换代周期越来越短，需求市场越来越细，传统的稳定、批量生产方式与组织结构越来越不能适应市场的需要，由此产生了以满足社会需求为核心的柔性生产系统，在此基础上产生了柔性管理理论。柔性管理理论的诞生，恰好迎合了新经济特点需要：一是管理以满足社会需要为核心；二是柔性管理倡导组织主动适应变化、制造变化、利用变化增强自己在动态环境中的竞争力；三是柔性管理倡导组织人员要善于学习和创新；四是柔性管理倡导组织结构具有柔性，通过组织结构的改变适应外界环境的不同要求，同时，为组织内部成员提供完善的发展空间和支持条件，提高了人员的主动性和积极性，降低了组织运行成本。

与企业组织相比，高职院校本质上就是一个学习型组织，所以其管理问题是如何使管理体制、机制、组织机构设计更适合学习性组织的需要。与其他组织相比，高职院校的管理具有三个显著的特点：一是以师资力量为核心的人力资源管理是管理的中心；二是以师资力量为主体的高校人群是高素质群体；三是以教育科研为核心的主体业务是建立在知识基础的不断创新变化的工作。显然，高职院校的特点比较适用于柔性管理思想，因此，应建立柔性管理体系。

（二）高职院校柔性管理体系设计

1. 树立以满足社会需要为核心的管理思想

柔性管理的本质就是同时对稳定和变化进行管理的能力，而稳定和变化本身就是适应外界社会需求的变幻不定。高职院校的教学科研活动和社会生产第一线的人才、技术需求紧密相关，适应社会生产第一线的人才、技术需求是高职院校教学科研活动的天然职责。

2. 建立柔性教学科研体系与人才培养模式

如果说生产企业为满足市场的变化性需求，需建立柔性制造系统以生产各具个性的产品，那么高职院校的"柔性制造系统"就是柔性的教学科研体系和人才培养模式。具体应包括以下三个方面：

（1）专业设置的柔性。专业设置的柔性指专业设置的稳定性和变化性的结合。一方面，教育周期长、资源专用性强的特点要求专业设置应具有一定的稳定性，以保持人才培养的连续性和学校的专业特色；另一方面，社会需求的变化性要求学校在专业设置方面要具有灵活性。柔性专业设置要求学校必须善于人才市场分析，洞悉事物发展和演变的自然秩序，预测到下一步的前进方向，识别出潜在的位置需要和未开拓的市场，进而从预见到变化，而且还可以自如地应对变化。

（2）教学模式的柔性。教学模式的柔性包括以下几个方面：①教材内容应及时更新，保持知识、技术的先进性；②教学内容模块可重组、可系列化；③教学方法的多样性，即依据不同的课程内容和不同的教育对象选择不同的教学方法；④教学过程的多样性，即依据合作伙伴的需要和特点，灵活控制教学过程和程序；

⑤学制的灵活性，即不苛求固定的学制，而是依据学生对教学内容模块的掌握程度而灵活控制学制。

（3）办学层次与类型的柔性。社会对高素质技术技能人才的需求是多类型、多层次的，因此，高职教育也应是多类型、多层次的，既包括学历教育，也包括继续教育、技能培训等非学历教育。高职院校应依据社会需求的不同种类，灵活组合知识与技能模块，举办多层次、多类型的高职教育，满足社会对人才的需求。

3. 组织结构的柔性

柔性管理要求对稳定和变化同时管理，组织结构的设计必须满足这一要求，因此，柔性管理的组织结构必须具有两个特点：①适应变化作出迅速反应，信息传递渠道必须迅捷畅通；②组织结构为满足环境变化要求能及时灵活调整。传统依据科学管理建立起来的金字塔式的组织结构显然无法满足柔性管理的需要，根据系统动力学设计的扁平化组织结构能够满足这一要求。首先，扁平化组织机构中间层次少，便于上下级直接沟通，减少信息滞留与沉淀，加快信息沟通速度，提高信息沟通质量。其次，扁平化意味着宽口径，减少系统割裂，便于协调和统一，有利于迅速行动。最后，扁平化的组织结构由于中间层次少，便于业务组合与重组，有利于依据环境变化来变革组织结构。

4. 岗位责任的柔性与科层制的弱化

组织结构的柔性必然导致岗位责任的柔性，传统的官僚体制就不适应了。长期以来，受计划经济体制的影响，我国高职院校管理体制沿袭与政府行政级别相对应的官僚体制，强调级别与职务。在计划经济时期，这种体制保证了高职院校与政府接口顺畅，有利于政府对高校的管理，有利于统一与稳定；在市场经济条件下，高校依据教育规律和市场需求自主办学，这种僵化的官僚体制难以适应管理变革的需要，因此，高职院校柔性管理体制应打破传统的行政官僚制，而代之以岗位责任制。在柔性管理体制里，每个部门不再是一个行政机构，而是一个工作团队，每个团队成员只有岗位责任的不同，不存在行政级别的差距，不强调逐级管理、逐级负责，同一口径层次的团队领袖未必具有相同的岗位等级和责任。团队领袖遵循民主协商的领导方式，信息流能在上下左右之间自由流动，信息沟通是协商式的，从而较为准确。由于没有行政级别的顾忌，因此，团队组合应变能力较强，能根据工作的需要，按照功能块灵活调整，减少中间层次，建立扁平化的组织结构。在民主的气氛下，团队成员获得宽松优良的发展空间和支持条件，有利于激发员工潜能，充分发挥其主动性、积极性和创造性。

5. 人员的柔性

人员的柔性主要包括人员素质的柔性、管理机制的柔性和组织关系的柔性三个主要方面：

（1）人员素质的柔性。人具有学习、感知及适应能力，因此，成为所有有形资源中最具有柔性的资源。柔性人员的最大特点是善于学习，能够很快适应新环境的挑战，很快学会原来不会的东西。高职院校主体工作的教育、科研是完全基于知识之上的，所以其教职员工的学习能力至关重要。由于职业岗位技能模块随着技术技能的发展而不断发生变革，因此，要求高职院校的教职员工应拥有广博的知识，利用渊博的知识促进专业研究不断深入；柔性人员的另一特点是具备很强的创新能力。所谓创新能力，除要求具备较强的创新意识外，还要求建立在知识的"博"与"精"上，而创新意识的培养本身也离不开知识和经验的积累。

（2）管理机制的柔性。应先树立"人本管理"思想，人本管理的核心就是尊重人、爱护人、理解人、关心人，强调要尊重劳动者的个性和独立人格，突出劳动者的主人翁地位。高职院校要把实现人的崇高信念、人的价值理想作为院校的最大目标，以吸引、诱导、协调、激励作为基础机制，以道德为导向，通过协调高职院校人际关系来优化高职院校管理方式。职工之间彼此尊重，真诚关心，形成一个良好的人际环境。再就是要建立以知识能力为核心的管理机制，这是学习型组织的本质特征。知识能力包括知识含量、知识取得（学习）能力、知识应用能力、知识创新能力等方面。以知识能力为核心的管理机制下，各类人员、岗位的考核、评价、奖惩均应以知识能力为核心。设立一个岗位先要考核该岗位的知识含量，分析该岗位所需的知识能力，以此作为该岗位的评价和奖惩标准评价。考核一个职工，也要首先评价其知识能力，依其知识能力的高低作为评价奖惩标准。其基本激励机制就是引导职工不断加强学习、努力创新，提高自己的知识和能力水平及职业素养。

（3）组织关系的柔性。传统的组织人事关系具有较强的刚性，人员进出都是一道难以迈过的"坎"，人员流动较为困难。按照柔性管理的要求，人员的组织关系也应是柔性的，应建立较为顺畅的人员流动渠道。高职院校教学科研任务不再需要的人或认为学校不再适合自己发展的人应能正常流出去，高职院校需要的人能正常进来。另外，高职院校还应通过人员的流动不断增强校内外信息的交流与碰撞，保持学校的生机与活力。

6. 充分重视研究发展力量建设

柔性管理的本质是对稳定和变化进行同时管理。确定哪方面需要稳定、哪方面需要变化、需要什么时间变化、如何变化，是管理首先要明确的问题。市场经济条件下，高职院校不再是政府部门的附庸，而是面向市场自主办学的独立市场主体，稳定或变化的目的不再仅仅是服从上级的指令，而是适应市场和环境的需要，所以变化的动因应是市场和环境的变化。要解决上述问题就必须先对市场和环境的变化有较透彻的分析和清晰的判断；然后在分析判断的基础上做出科学的决策。为实现决策的科学性，决策者应从"制定方案"中解脱出来，由相关人员在科学分析的基础上制定若干可行性方案供决策者选择。决策的本质是选择而不是制定，因此，高职院校应充分重视研究发展力量建设，建立一支专兼职人员相结合的强大研发力量，负责高职教育研究、市场环境研究和发展战略研究，向决策者及相关人员提供有关信息和供选择的方案。

三、我国高职院校现行教学管理的组织体系

改革开放以来，我国高职教育事业迅速发展，不仅表现在学校数量迅速增加，招生规模不断扩大，同时，也表现在高职教育机构的多样化。

多样化的高职教育机构形成了丰富多样的教学管理模式。围绕教学质量，高职院校的管理者不断探究教学管理新招，形成了各具特色的教学管理组织体系：

一是以教务处为主体的教学管理组织体系，这是一种典型的中心式控制系统，具有较高的组织运作效率，有利于学校内部的标准化、规范化管理。其不足之处在于过于机械和同一化管理，不利于专业建设和专业群的个性化发展。

二是以专业（群）为主体的教学管理组织体系，以专业为核心的教学管理组织体系，主要表现为以二级学院（系、部）为中心的教学管理模式。这种组织体系以二级学院（系、部）为基本运作单位，能充分体现专业建设成果和专业群的个性化发展。高职院校采用以专业为核心的教学管理组织体系，其教务处的主要职能是协调、调控、监督和服务。

四、直线参谋式教学管理组织系统

教学管理是有目的、有计划的教育活动，是提高学校办学水平和办学质量的重要保证。管理水平直接影响到教学秩序和教学质量。构建一个科学合理的高职教育教学管理体系是高职院校教学管理工作健康发展的基本保障。

（一）含义

教学管理模式运作的整体效能取决于管理方式的选择。高职院校的直线参谋式教学管理组织模式，是指包括领导层（院校长）、管理层（教务处）、执行层（二级学院、系部、专业教研室）等在内的纵向层级管理机构，高职院校教学管理采用这种纵向层级机构，由于职责分工不同，管理的范围、环节、深度的不同，因此，通过建立制度，明确职责，引进竞争和激励机制等手段，有利于解决和协

调各层级之间的关系，可以调动各层级积极性，使其互相支持形成合力。

（二）功能

高职院校直线参谋式教学管理系统，不同的部分有着不同的功能：

（1）院校长的功能主要负责全院教学工作的宏观管理和重要决策。

（2）教务处的功能主要负责教师队伍、教学管理制度、教学质量和教学基本建设的实施和协调工作。

（3）二级学院院长（系、部主任）主要负责二级学院（系、部）教学工作的全面组织与协调。

（4）专业教研室主要负责专业建设、课程建设、教学内容和教学方法改革、制订和实施教学计划、教学质量控制等。

（三）特点

高职院校直线参谋式教学管理的特点可以归纳为以下几个方面：

1. 教务和教学分工协作

高职院校教学管理任务的分解与整合，在教务处下设教务管理部和教学管理部两个部门进行合理分工和有效分离，使职责更加明确，运作效率更高，使教学组织实施和教学研究两项工作形成了一种既明确分工又密切协作的有机整体，便于互相之间的理解和协调。两部分工作相互促进，相得益彰。

2. 建立特色专业教研组

高职教育有明显的社会性，与普通教育相比，职业教育与生产联系最紧密、最直接。它担负着培养区域经济社会发展的高素质技术技能人才，涉及社会各方面，单靠教育部门是不能办好职业学校的，必须依靠社会各方面力量，特别要依靠企业、事业和业务管理部门。因此，有必要成立由现场工程和管理专家与学校教学专家组成的专业指导委员会，进行本专业人才需求预测，审查教学计划，指导和参与教学管理。在专业指导委员会的领导下，每个专业建立教学经验丰富、有一定学术水平、科研能力和实践经验的"双师型"教师组成的骨干教研组，负责专业建设、课程建设、教学内容、教学方法和教学手段建设及实习实训基地建设。

3. 建立多类型教师管理机制

教学管理的重要对象是人，现代管理的核心和动力是人与人的积极性，因此，教学管理的一切均应从人的因素抓起，协调人与人之间、部门与部门之间、上级与下级之间的关系，最大限度地调动师生员工的积极性和创造性；团结一致，齐心协力，生动活泼地开展工作。这就是管理的"人本"原理，是实现管理目标和教育目标的根本保证。由于二级学院（系、部）的机构精简，只由少量的骨干教师和管理人员组成，大量的课程是由学院的教师和其他院校的外聘教师及返聘的离退休教师来承担。与此同时，聘请工作在生产第一线的有实际工作经验的人员来指导和承担实践性较强的课程。对外聘、返聘教师有效的、人性化的管理也是高职院校面临的一个新课题，具体做法如下：一是与外聘、返聘教师签订协议，对教学内容和质量做出明确的双方认可的规定，同时，对这些教师进行必要的高职教育知识培训，使他们具有起码的高职教育意识；二是对外聘、返聘教师的酬金既遵循指导标准又实行上下浮动制度；三是通过教学评估，定期对外聘、返聘教师的教师质量做出客观准确的评价，以此作为是否继续聘用和奖惩的依据。

4. 建立有效的教学管理制度

教学管理制度，是稳定教学秩序，提高教学质量的保证。高职院校有必要在分析研究本科教学管理制度的基础上，参照教育部有关高职高专教学管理文件，结合学校实际制定出有约束和激励作用的规章制度，基本满足教学管理的需要，在教学管理过程中发挥有效作用。

5. 建立信息反馈系统

高职院校教学管理也是一个由教育决策、决策执行、反馈、控制活动所组成的系统。毫无疑问，具有反馈、控制功能的教育评价在整个活动中占有不可或缺的重要地位。它既是学校教育、教学过程中的一个基本环节，也是教学管理过程的一个基本步骤。建立快速有效的信息反馈系统，是加强内部教学质量管理、保证教学正常运转、不断进行教学改革、提高教学质量的保障。另外，在校内建立起来的教学业务部门、教师与学生之间信息沟通的重要渠道，也是学校与社会交换信息的重要途径，有利于学校的建设与发展。

（四）高职教学管理组织系统的改革创新

高职教育以就业为导向就是要紧贴社会需求办学，按照社会需求变革，适应社会需求发展。作为教学管理的组织系统，高职院校需要根据外部和内部环境的变化，及时调整自身的结构，以随时把握高素质技术技能人才市场的有效需求和对这类人才知识、能力、素质的具体要求，从而确立起适应当地经济社会发展需要的培养目标、规格和方案，制定相应的质量监控和保障体系。为做到专业设置与企业需求相协调、技能训练与岗位要求相协调、培养目标与用人标准相协调，保证所培养的人才适销对路乃至供不应求，高职院校有必要对自身组织结构系统实施有效的变革与创新。具体应做到以下几方面：

1. 主动面向市场，合理设置专业

高职院校若要实现"产销"链接，则必须以市场为导向，瞄准区域经济与地区产业结构调整的走向，关注城市功能的转变，重视企业生产实际需要。与此同时，还要在广泛调研的前提下，组成由专业带头人、行业和企业的管理和技术专家参加的专业建设指导委员会，对人才需求预测、产业发展前景分析、人才培养目标等方面进行评议、论证、审核，并在此基础上决定该专业是否应该设置。

专业建设指导委员会还要负责对高职院校已有专业进行定期评估，不适应的部分要及时调整并补充空缺的部分，有效调节各专业学生规模，保证专业设置与人才需求的高度吻合，避免产生"产品积压""生产过剩"的不良后果。此外，专业建设指导委员会还应指导高职院校以岗位、岗位群或职业所需要的技术应用能力和职业技能为主线来设计教学内容和课程体系，重点培养学生的实践能力并提高职业技能，缩短其就业适应期。

2. 依托实习实训基地和校友会搭建就业平台

产业和企业具有高职院校所需的庞大的可利用资源，高职院校和企业之间需从一般性的参与合作走向协助性的介入合作，探索深层次的互动性产学合作，积极倡导订单式人才培养模式，即快速响应市场需求，以企业的用人订单为导向，主动根据用人需要进行教学改革，适应企业技术岗位对新技术、新工艺、新规范的需要，从而提升高职毕业生对职业岗位能力要求的适应程度，实现"零过渡"。

高职院校应充分利用社会资源在相关企业建立供学生顶岗实习的校外实践教学基地并依托实习实训基地，推行毕业设计、岗位训练和就业安置相结合的方法。积极将毕业设计环节放到企业中去进行，进行顶岗实习实践，使实训基地成为高职毕业生就业市场的第二平台。

校友是高职院校的无形资产，应鼓励高职院校成立校友会，积极与校友建立"战略伙伴"关系，发挥校友的示范教育和中介渠道等作用，搭建广阔的就业网络平台。

此外，高职院校还应与其他学校、顾问团队中的专家、兼职教师、学生、家长、社区及社会服务组织，开创互为支持的伙伴关系，提升自身的社会影响力和美誉度，进一步拓展高职毕业生的就业市场。

3. 完善就业指导，提升就业质量

目前，我国高职院校的职业指导工作仍停留在较低层次及较为单一的层面上，服务的内容、形式、方法比较零碎，"快餐"效应突出，学生缺乏职业选择渠道、方法、信息与科学参照系等方面的引导与援助。因此，以招生就业职能部门的力量为基础，组建一支职业化、专业化、人本化的职业指导服务队伍并构建科学、真实的职业指导服务系统,是就业导向下高职院校组织结构调整和队伍建设的重大举措,也是实现高职院校战略目标的必要保证。

为提升应对市场变化响应的灵敏度,增强高职院校服务内外顾客群的能力,有必要使职业指导服务系统纵向进入决策层、管理层、执行层和操作层。另外,还可构建高职院校招生就业协调委员会——职业指导服务工作领导小组——职业指导服务中心(含兼职职业指导师)——二级学院职业指导服务工作领导小组——二级学院职业指导服务指导中心——专业教师、辅导员(班主任)——班级学生信息员的体系化组织运作模式。

第二节 高职院校教学管理决策与规划系统

教学管理决策与规划系统主要由学校领导、教务处、二级学院(系、部)、教研室四个要素组成。学校领导是教学工作的最高层次的宏观决策者;教务处是学校教学管理质量的最大责任者,是教学管理体系的核心;二级学院(系、部)教学管理机构是教学管理体系中的桥梁和纽带;教研室是最基层的一级教学组织。学校领导、教务处、二级学院(系、部)、教研室等教学管理机构是学校教学管理系统的四个层次。教学管理决策与规划对教学管理的影响最大,他们在教学管理体系中发挥关键作用。

一、学校领导

学校领导是教学管理决策与规划系统中最高层次的主体。其职责是负责学校贯彻党的教育方针,确定学校的办学思路和办学定位,制订专业建设与发展规划,确定人才培养模式和教学管理模式,确定教学和教学管理中的重大措施。学校领导是教学管理最高层次的宏观决策者。

二、教务处

教务处代表学校负责全校的教学运行和教学管理工作,是管理全校教学工作的职能部门。其职责是:组织和检查二级学院(系、部)编制的教学计划、教学大纲、教学工作计划和其他方案;落实和检查全校教师工作量的执行情况,配合人事部门制订师资的培养和提高计划;负责组织全校教材、讲义用教学资料的编写、审查、经验交流及对内供应与对外交流工作;负责审查开课计划,制订课程表，安排考试日程表，负责调度教室及其他有关教学行政方面的工作；负责处理有关学生的学籍问题；检查教学质量，总结学生成绩，通过二级学院（系、部）指导全校学生的自学活动；计划协调、督查学生的实训实习；负责现代化教学手段的推广应用等。

教务处作为学校管理教学工作的主要职能部门，对于开展教学改革、提高教学质量起到主要而关键的作用。

三、二级学院（系、部）

（一）二级学院（系、部）教学工作管理职责

二级学院（系、部）教学工作管理职责的主要内容就是要落实好教务处布置的各项任务并结合本单位实际情况创造性地开展工作：落实学院和教务处制订的各项规章制度；制订本单位专业发展规划和师资队伍发展规划；科学制订与实施制订专业人才培养方案；制订与实施课程标准；落实教学任务，组织好日常教学工作并进行检查；组织并指导学生选课；依据学籍管理制度具体办理学生的学籍变更手续并组织毕业资格初审；负责制订校内外实习基地建设规划，切实搞好实践教学基地建设；组织好本单位学生的实训实习教学工作；制订本单位教学改革规划和实施办法，组织教师开展教学内容、课程体系、教学方法、教学手段等的改革；通过建立科学、合理的激励机制和开展教师讲课评比等各项活动，激发教师工作的积极性和主动性；积极深入学生，召开学生座谈会，了解学生对教师讲课情况的评价，并作为对教师进行考核的依据；切实为教师和学生服务，切实加强对教师和学生日常生活的关心力度，帮助教师解决好工作、学习、生活上的困难。

（二）二级学院（系、部）所属办事机构

在二级学院（系、部）的办事机构中，负责日常教学工作的教学秘书（教学干事），具体管理组织全单位的教务工作。其具体职责主要有以下几个方面：

（1）常规性工作。首先，是教学准备工作，包括协助领导制订或修订本单位各专业的教学计划，协助教务处下达并落实学期教学任务和课程表，做好教材的订购服务等；其次，是教学计划执行过程中的管理工作，包括执行教学计划，初审教师课程教学计划表、教学进度表，听取师生意见，检查学生出勤和教学质量等；再次，是学籍管理工作，包括注册报到，学生考试安排及考场的组织管理，学生成绩的登记汇总，对教师教学质量的统计与分析，学生学籍处理，毕业资格

的初审等。

（2）应急性工作。如临时性调课、停课，临时教学活动联系教室，突发性教学事故或因教学计划不完善而出现偏差的处理等。

（3）联络性工作。教学秘书既要同教务处和有关处室保持联系，又要同二级学院院长（系、部主任）和教研室主任密切联系，而且还要同教师与学生经常联系。这对于搞好教学管理，以求实现最佳管理效果是必不可少的重要工作。

四、教研室

教研室是高职院校教学管理组织系统中的基层管理机构。教研室对所属各门课程各个教学环节进行组织和管理，积极完成担负的教学任务；组织编写教材；审批教案；领导所属的实验室；组织教师业务学习；开展教学研究；抓好课程建设；组织备课试讲；进行教学改革；总结教学经验；检查授课质量，反馈教学信息；督促检查贯彻执行教学规章制度等。

第三节　高职院校教学管理督导系统

"教学督导"并非指各级政府授权的主要针对基础教育的具有"督政"和"督学"职能的"督导"，而是指高职院校领导授权的主要针对教学质量监控、建设、评价、指导、保障的专家团队行为的"督导"。教学管理督导系统具有科学性、导向性和实用性，具有较强的指导意义和较高推广价值。

一、高职院校教学管理督导系统的进阶与架构

（一）进阶

高职院校教学管理督导系统强调以服务为主旨，酌情进阶，分步推进。当"教学督导"尚不为教师所接受，即存在对立、反感情绪时，督导团坚持"严格、善意地督，科学、热情地导"；当教学管理运行逐渐规范，教师开始重视教学质量时，教学督导则步入"既督又导，以导为主"的阶段；当教学督导逐渐被教师理解和认同，并开始自觉接受时，则强调"以服务为主旨"，想方设法为教师提供优质服务。如此进阶，不仅能有效提升教学督导的工作层面，而且有益于教学督导双方关系的改善。

（二）架构

从高职院校的实践来看，并列分设组织架构可保证教学督导工作的独立性、客观性和权威性。高职院校成立由院校长任主任的"教学督导委员会"，作为教学监督和评估体系的决策机构，教学督导委员会应平行于教学工作委员会，这种两条线平行的架构有利于打破高职院校中督导团通常隶属于教务处的传统格局。两条线既有侧重又有交叉：一条线侧重于教学的运行管理与服务；另一条线侧重于教学的督导监控与服务。

二、高职教学管理督导系统的队伍与职责

（一）队伍

高职院校的教学管理督导系统能否顺利构建及优质运行，很大程度上取决于是否拥有一支高素质的督导专家队伍，而"外聘为主"的督导队伍，可保证这一服务主体的有效形成。由于聘任的校外专家通常与被督导者之间基本上不存在利益关系，因此，督导具有客观性、严谨性、公正性。为此，高职院校可考虑以下六大主要的招聘条件：人品好（有亲和力）；身体好（坚持工作）；教授或资深的副教授，是某个专业领域的学术带头人（督导资质）；具有丰富的高校教学管理经验或优秀的高校教学业绩（导之有物）；认同高职教育理念或来自高职院校（督导高职）；较强的学习力（与时俱进）。此外，按照上述条件选聘校外专家，仍需在"试用期"为其安排"入职指导教师"，同时，采取多种继续教育举措，如坚持每周例会，传达学校精神及研究督导业务；组织校外专家赴省内兄弟院校和先进企业考察调研，促进他们对高职教育属性及内涵的理解，不断强化其为高职教师教学改革创新服务的理念。

（二）职责

教学督导工作应重视全员参与、共同治理、目标一致、形成合力。高职教育管理的特殊性要求注重自我管理、自我监督、自我调控，因此，必须注重调动被督导者的自觉性、主动性、积极性，必须注重建立和谐的督导与被督导关系。只有准确"定位"，牢固树立"管理即服务"的角色意识，设身处地地替被督导者着想，督导专家才能主动地做好服务，才能摆脱单纯的纠察、考官、裁判角色，而成为被督导者的良师、益友、参谋。与此同时，学校创造并推行"专职、专责"（双专）的督导工作制度。"专职"是指教学督导均是全职返聘的教授或资深的副

教授，他们不再兼任课程教学，专司"教学督导"之职。"专责"是根据教学督导的专业所长，因此，应尽可能对口安排与其专业特长相关的二级学院（系、部）教学督导工作，由此可实现"专家作用最大化"，以便更深入地把握教学质量评价指标，更专业地促进精品课程的创建。

三、高职教学管理督导系统的指标和方法

（一）指标

高职教师的教学活动是极富个性和创造特色的，因此，建构教学质量评价指标体系时，既要遵循高职教育教学的客观规律，又要留出高职教师个性创造的空间。所以，以"个性服务"为出发点，一方面，尊重教师个性，切忌用过多指标条款去"约束"教师的个性创造，注意引导教师自己总结归纳；另一方面，力求科学，弄清"属性"、提炼"要素"，建构具有高职教育特点的教学质量评价指标体系。为突出应用主旨，在其指标体系中显性体现"职业素质训导"和"职业技能训练"的观测点，如"操作要领和工艺规范""遵纪守时"及强调高职教师双师素质的"职业资格证书""示范操作"等观测点。

（二）方法

科学制定评估教师教学质量的指标和方法，实现教学督导的"公正、公平、公开、科学"，才能为教师"效益服务"。例如，经过几年来不断地探索、补充和完善，深圳职业技术学院拟定了下述"综合测评"的八条措施：点、线、面；划分四个系列；三方独立评教；课程分类评价；标准分排序；等级＋中位线；学年年度总评方法；质量测评软件系统。其中"点""线""面"是指建立督导、学生（教务处负责）、二级学院（系、部）三方综合评价方法，即"专家""对象""领导"从各个不同层面对教师的教学质量进行测评，最后督导团根据学校教学工作督导委员会的授权，按4:3:3的权重对教师教学质量进行"立体交叉"式的综合评价，并且每学期为之撰写出不少于200字的综合评语。由于督导侧重于对教师课堂教学随机抽样听课进行"点"的考核，学生侧重于对教师课程教学效果从头到尾（学习一门课程）进行"线"的考核，二级学院（系、部）侧重于对教师教研水平、教学能力、工作态度、教学管理等"面"的考核，因此，整个评价全面、客观、科学，同时，以此为基础，编制了一整套非常实用的质量测评软件系统，使操作规范、测评快速。"划分四个系列"是指本着全面质量管理的理念，凡在学校任课的教师的教学质量应无一例外地受到测控。将任课教师大体分为四个系列：

在编和试用系列、返聘和代课系列、外籍教师系列、校行政人员和辅导员系列，再根据其不同的师资来源、学科类别、价值目标、管理办法、文化背景等，为其提供有所差异的"个性服务"，以达成共同的教育教学质量目标。

四、高职教学督导系统的服务

高职院校立足于"公正、公平、公开、科学"的质量评价工作原则是着眼于建立教学督导与被督导者之间的和谐关系的必要举措。这种做法使被督导者充分享有知情权，感受到尊重，充分发挥了自觉性、主动性、积极性。另外，督导室一方面，要求督导撰写综合评价意见时尽量做到真实、准确和"评如其人"；另一方面，坚持每学年进行一次"评语见面"。一方面，有利于加强与任课教师的沟通、交流和以评促改；另一方面，接受专任教师对教学督导工作的监督和检验。

综上所述，高质量地构建高职院校的教学督导系统应有六个方面的确定，即定目标、定架构、定队伍、定角色、定职责、定标准，同时，还必须注重真实性和科学性，最终逐渐形成"6+2"模式的以服务为主旨的高职院校教学管理督导系统。高职院校教学管理督导系统的任务主要有：

（一）检查人才培养方案的执行情况

高职专业人才培养方案是任课教师从事课堂教学的主要依据。教师能否按人才培养方案进行教学，对人才培养质量的好坏具有很大的影响。任课教师必须严格按规定的教学内容和进度组织教学，不得任意增减课时和变动教学内容。为监督任课教师严格执行人才培养方案，教学督导机构应组织教学督导人员不定期抽查人才培养方案的实施情况，并将抽查结果及存在的问题以书面形式上报教务处。

（二）对课堂教学进行监控

课堂是向学生传授知识、塑造学生高尚人格的重要场所，也是教师工作的重要阵地。衡量一所学院的教学质量水平，课堂教学无疑是重要的观测点，因此，抓住了课堂教学，也就抓住了教学质量的核心环节。督导人员要深入课堂听课，开展对课堂教学的督、评、导，帮助教师提高教学水平，发现管理工作中存在的缺陷和漏洞并通报相关部门进行整改处理。

（三）对考试实行全过程督查

考试是检验学生学习状况和教学水平的重要手段，是评价教学质量的重要依据，因此，考试必须具有良好的秩序和环境，确保考试过程严格、规范，考试结果真实、可信。为此，教学督导机构应对重大考试实行全程督查，督查内容包括：监考教师到岗情况、履行监考职责情况、考场纪律情况、试卷异常情况及评分标准执行情况。

（四）督查毕业论文（设计）的质量

毕业论文（设计）是全面考查学生基础理论掌握情况、技能熟练程度及分析和解决问题的能力的重要途径，是评价学生质量的重要教学环节，是学校培养合格人才的最后一道关。为确保向社会输送合格人才，教学督导机构应组织督导人员深入答辩现场，督查答辩是否规范，检查毕业论文的撰写质量。教学督导是教学质量监控体系中的重要组成部分，是教学质量保障中的重要力量。

第四节　高职院校教学管理执行运作系统

一、教学管理组织系统中的执行运作系统

教学管理体系的执行运作是通过各种管理组织和人员根据特定的管理目标，采用有效的监控方法来进行的。从目前我国高职院校的实际情况看，它包括纵向和横向两个系列。其中纵向系列主要指学校领导、学校教务处、二级学院（系、部）；横向系列主要指学校教学工作委员会、专业建设指导委员会、教学督导团、教学信息员等。

二、执行运作系统中的纵向联动

纵向系列主要包括校长、教学副校长、教务处、二级学院（系、部）等相关机构和人员。首先，校级教学管理者在整个学校教学管理中起主导作用，尤以教务处的作用最为突出。它的作用是在校长及教学副校长领导下，对全校教学工作进行组织和调度的职能部门，是代表学校行使全校教学管理责任的专门机构，主要负责制订教学管理方案，抓好教学的组织安排及教学运行中的质量调控，开展经常性的质量调研，组织开展教学质量检测评估，组织教学工作的计划、总结、交流，建立健全教学质量管理工作制度，代表学校对二级学院（系、部）教学工作进行管理并指导二级学院（系、部）对教研室的管理等。另外，二级学院（系、部）教学管理机构及人员在执行运作系统中起主体作用，其主要职责是依据高职

院校办学指导思想和教学管理规定，对所属专业的教学计划、各个教学环节的安排、教学检查等进行统一领导和管理，组织好课程的实施，开展教学研究与教学质量检测，总结交流经验，集中精力进行教学建设，并指导教研室对教师个人的教学质量进行管理，以及对学生的学习活动实行有效管理。还有，教研室（实验室）是教学管理的基础，其主要职责是根据校、院两级教学管理的目标和教学计划要求，对所属专业或课程的各个教学环节质量进行组织管理，编写教材讲义，审批教案，组织教师业务学习，开展教研活动，进行教学改革，交流教学经验，检查授课质量，反馈教学质量信息，督促检查执行教学规章制度，对学生的学习活动进行辅导及管理。

三、执行运作系统中的横向联动

在横向系列中，学校教学工作委员会和教学督导团、专业建设指导委员会起指导与咨询的作用，给决策与规划系统提供有力的参考意见；教学信息员起到一个信息反馈的作用，给教学管理的决策与规划系统提供重要的信息，以利于教学管理质量的提高。

高职院校教学管理执行运作系统中的横向联动，不仅包括教务处、二级学院（系、部）、教学督导团、教学工作委员会、专业建设指导委员会等之间的联动，从而实现对教学管理的全面控制；而且也包括二级学院（系、部）彼此之间及不同的高职院校之间，甚至包括国际交流等方面的横向联动，进而实现教学管理水平的全面提升。

第五节 高职院校教学管理队伍建设

作为一名合格的高职院校教学管理工作者，"学、才、识"一样不能少，广博的学问、精干的才能和深邃的洞察力是教学管理工作者从业的基本标准，因此，若要提高学校教学管理的整体水平，则必须提高学校教学管理队伍的基本素质。

一、教学管理队伍的素质构成

（一）政治素质

政治素质包括政治立场和政治能力。从政治立场来讲，作为中国社会主义教育事业中的一员，高职教学管理队伍必须明确自己的政治立场，忠诚于党的教育事业，为人民服务。这是时代赋予我们的政治选择。从政治能力来讲，作为教学管理人员，必须具备一定的民主管理能力，能够通过对话、协商而非专制等方式实施管理。

（二）道德素质

道德素质包括道德情感、道德知识和道德行动。从道德情感来讲，高职院校管理队伍应对学生充满爱，热爱教育事业和本职工作，富有事业心、责任感和积极性，具有"管理育人""服务育人"的意识和意志。从道德知识来讲，高职院校管理队伍必须了解道德教育的理论，掌握道德教育的方法与技巧，通过日常的教学管理行为，潜移默化地对学生进行道德教育。从道德行动来讲，管理队伍必须以人性化的管理行为，规范化的工作流程，身体力行，以身垂范，给学生树立"做人"和"做事"的良好榜样。

（三）管理素质

管理素质包括管理理论素质、管理策略和管理经验素质。首先，高职院校管理者必须具备良好的管理理论素质，作为从事教学管理的专业工作者，必须了解管理理论的发展史和最新的管理理论，以科学的管理理论指导自己的工作并结合工作实践从事教学管理领域的应用性研究。其次，高职院校管理者必须具备良好的管理策略素质，管理既是科学也是艺术，掌握丰富的管理策略，处理随机的具体问题，力求最优的实际效果是评价管理者工作水平的重要标准。最后，高职院校管理者还必须具有资深的管理经验，管理是一门注重实践的科学，以经验为基础。没有理论指导的管理行动是盲动，只有将理论与实践在经验层面上进行有效整合，管理才能有效率和效果。

（四）文化素质

文化素质包括科学素养、人文素养和信息素养。首先，管理者必须具备科学素养，包括对科学本质、目标的认识及对更为重要的科学思想和方法的理解和认同。一个具有科学素养的人应当了解科学和社会的相互关系，知道科学工作的伦理准则，了解科学和技术之间的差异，了解科学和人类的关系。其次，管理者必须具备一定的人文素养，学高为师，身正为范，寻求心灵世界的和谐，体悟生活的意义。最后，管理者还必须具备一定的信息素养，熟练掌握和运用基本的信息管理技术，成为信息时代一名合格的"信息人"，熟悉并能充分利用网络文化为管理工作服务。

（五）心理素质

在心理素质方面，首先，管理者必须具有一定的发展需要，要把寻求自我实现的个体性需要与满足工作岗位的社会性需要有机结合，使管理者个人的专业发展与学校整体发展的需要相吻合。其次，要有一定的成就动机，管理者必须维持适当的"抱负水准"，激发持续性工作动机，合理利用奖惩手段，激发各级管理人员的工作热情与成就感，从而创造性地开展工作。最后，要有一定的感情激励，养"德"而励，求"真"而励，审"美"而励，高职院校应通过对真、善、美的追求强化共同的社会价值观，营造凝聚人心的工作氛围，形成健康向上的校园文化氛围。

此外，高职院校的管理者还必须具备良好的生理素质和良好的心理素质。拥有健康的体魄，养成户外运动锻炼的习惯和自律节俭的生活态度，这样才有利于高职教学管理人员以良好的精神状态投入工作。

二、教学管理人员的职业规范

高职院校教学管理岗位的特殊性，决定了高职教学管理工作者职业规范的复杂性。教学管理工作者作为广义的学校教师队伍中的一员，必须遵守师德规范。作为学校的工作人员，必须遵守学校共性的工作规范；作为从事教学管理工作的专业人员，必须遵守专业规范。

（一）师德规范

无论是教育部制定的相关文件，还是高职院校制定的有关制度，都从三个层次对教师的职业道德做出了相应的规范要求。

理想层次：如献身党的教育事业，具有强烈的使命感和事业心等。

原则层次：如教书育人，以身作则，关心学生，团结同志等。

规则层次：如不违背四项基本原则，不传播不健康言论等。

不少高职院校把规则层次的师德规范与工作绩效的考核挂钩，实行师德"一票否决制"。规则层次的师德规范实际上标识着教师职业道德的底线，违反了最起码的师德标准就失去了作为一名教师最基本的职业资格；理想层次的师德标准则体现了教师职业理想的最高境界，有人将其简称为"师魂"。师魂是教师道德核心的价值理念，也是学校师德建设工作的理想与目标。

（二）工作规范

工作规范是高职院校对全体管理工作人员所提出的一般化要求，对不同的管理岗位具有普遍适用性。工作规范应涵盖的内容有以下几个方面：

一是岗位职责具体化，管理服务规范化；

二是工作质量标准化，运行操作程序化；

三是业务工作信息化，档案归整电子化；

四是检查反馈经常化，考核奖惩严格化；

五是各项学习制度化，待人处世文明化。

表述简洁而精练，涵盖了十分丰富的内容，从管理人员待人接物的态度、责任目标的确立、工作绩效的评价、学习型组织的培育和信息技术的普及等各方面对高职院校管理工作人员的工作态度与作风、工作能力与素质及工作目标与方向等角度进行了具体而形象的描述。

（三）专业规范

专业规范是针对教学管理岗位的特点而提出的相对一般管理工作规范更具针对性和特殊性的工作要求，专业规范内容主要包括以下几个方面：

一是首问责任制：教学管理人员每天需要面对学生和教师的各种询问，实行首问责任制可以避免管理人员之间容易产生的互相推诿的现象，提升管理的形象，提高工作效率。

二是主岗辅岗制：由于教学管理人员简编，一人多岗的现象越来越普遍，所以教学管理人员除必须熟悉某一主要岗位的工作外，还必须了解其他辅助岗位的工作内容。

三是教务公开制：做到教学管理信息公开化，尽量避免信息不对称所造成的各种工作失误或引起的各种不必要的矛盾，有利于提高教学管理的公正性和权威性。

四是时间节点制：教学管理工作的时效性要求很高，对每项工作必须预先明确完成的时间节点，努力避免出现因工作长期拖沓或临时应付而降低工作质量的现象出现。

五是考试保密制：教学管理人员每年除要安排组织进行校内各种课程考试外，还要组织各种社会性考试，如大学英语等级考试和计算机等级考试等，因此，实行保密制度十分必要。

六是事故责任制：由于工作责任心不强或工作能力不足等原因造成教学管理者在工作中产生失误或事故的，必须按照制度对行为当事人进行行政和经济处罚。

七是经济审计制：教学管理人员，尤其是达到一定级别的干部，如处、局级干部，都或多或少掌握着经费审批权，因此，实行经济审计制可以从制度上预防各种权力腐败。

八是政府采购制：大宗或大额的教学或科研仪器设备的采购必须纳入政府采购渠道，既是规范管理的需要，也是保护教学管理干部的重要措施。各高职院校可以根据自身教学管理的特点制订适合本校的专业规范，结合师德规范和工作规范，打造高素质、高效率、高水平的教学管理队伍。

三、教学管理人员的基本职责

高职院校对各级教学管理人员制订的基本职责可能不尽相同，但主要内容基本上是一致的，体现了针对某一教学管理岗位本身所要求完成的主要工作任务的描述。

（一）高职院校教学管理人员中学校校长基本职责

高职院校教学管理人员中校长的基本职责主要包括：一是贯彻与执行党的教育方针和政策，在上级主管部门的领导下开展工作；二是明确学校发展的战略目标和办学指导思想；三是确立学校人才培养目标、规格与特色；四是规划与调整学校的专业布局；五是对外拓展办学经费渠道，对内协调经费合理配置；六是保证学校人才培养活动有序开展和教育教学质量稳步提高；七是对教育教学改革过程中的重大问题进行决策；八是保证与促进学校科研工作与社会服务工作的开展；九是开发与利用社会性教育教学资源；十是指导开展国际合作教育，提高学校的教育国际化程度。此外，还包括指导与协调下属各部门的工作和完成上级有关部门布置的专项工作等。

（二）高职院校教学管理人员中教务处长基本职责

高职院校教学管理人员中教务处处长的基本职责包括：一是在教学副院长的领导和指导下，全面负责学校的教学管理工作；二是指导、协调二级学院（系、部）开展日常教学工作和上级布置的各专项教学工作；三是组织、指导学校制订人才培养方案等基础性教学文件；四是组织、指导二级学院（系、部）开展专业建设、课程建设、教材建设和实践教学基地建设；五是组织、指导二级学院（系、部）开展教育教学改革和教育教学研究工作；六是建立健全教学与管理工作的各项规章制度，并规范程序，严格执行；七是全面组织学校教学质量保证体系的正常运行；八是负责学校教学档案的标准化管理，指导二级学院（系、部）的教学档案管理；九是负责全校教学管理干部的业务培训和教师教学技术培训；十是组织全校范围的各种课程考试考核和社会性考试。

（三）高职院校教学管理人员中二级学院院长（系、部主任）的基本职责

高职院校教学管理人员中二级学院院长（系、部主任）的基本职责主要包括：一是在教学副校长领导和教务处指导下，开展本单位教学工作和教学管理工作；二是根据教学计划开展日常教学工作，及时解决执行过程中的问题；三是负责新专业申报，组织人才培养方案等基本教学文件的制订、调整和修订工作；四是组织实施本单位专业建设、课程建设和教材建设；五是负责开展本单位教学改革和教学研究工作；六是负责开展本单位的科研工作；七是负责本单位拟聘教师的教师资格认定，组织新聘教师的教学实习；八是组织本单位的课程考试标准化工作与学期考试考务工作。

（四）高职院校教学管理人员中教研室主任的基本职责

高职院校教学管理人员中教研室主任的基本职责主要包括：一是负责制订和修订人才培养方案和教学任务安排表；二是执行并监督人才培养方案的实施，负责落实教师、教材及其他开课准备工作；三是定时和定量听课，指导和协调教学过程，及时解决教与学两方面的问题；四是负责教材选订和申报工作，审核教材的适用性和先进性；五是严格执行课程考核考试规定，组织命题及阅卷、负责审定命题质量及阅卷质量等；六是组织经常性的教研活动，分析和解决教学中出现的问题并及时加以整改。

总之，教学管理队伍建设与教师队伍建设一样，是一项艰巨而长期的基础性工作，投入大且见效慢，但若高职院校要提高教学质量和管理水平，都无法回避这两支队伍的建设问题。人才的价值在于其具有的"原创性智慧"，从这种意义上说，高职院校进行的任何形式与内容的教学管理改革，其立意高低，成功与否，很大程度上取决于广大教学管理者的认识水平和实践能力的高低。因此，对教学管理队伍的人力资本投资奠定了高职院校教学管理水平实现跨越式发展的基础。高职院校的教学管理队伍建设任重而道远。

第四章　高职院校教学管理内容

第一节　高职院校教学计划管理

一、我国高职院校教学计划管理历程

专业人才培养方案是人才培养规格、目标及培养过程和方式的总体设计，不仅是学校保证教学质量最基本的教学文件，也是组织教学过程、安排教学任务的依据，是教学改革的核心和灵魂。

（一）计划经济时期指令性与实施性教学计划

20世纪80年代前后，国家正处于计划经济时代的尾声，高职教育处于萌芽阶段。受计划经济的影响，高职院校不需要研究社会需求，不需要申请更多的新专业，也不需要研究不同人群、不同需要的教学计划。各学校、各类生源、各年龄层次的学生统一用一个教学计划。培养目标单一，人才模式呆板，没有活力和创新。后来学校在"国家指令性教学计划"基础上，根据本校情况，修改并制订了本校的"实施性教学计划"，其实二者并无大的本质区别，仅仅是个别科目的课时有所变化。

在指令性计划经济时代，使用指令性教学计划是一种必然趋势，因为学校的一切活动都在计划经济框架下运作，招生、分配都是按计划有指标、有定向。当然，教学过程也是按照制订好的"国家指令性"教学计划运行。在教师们看来，教学计划由国家制订，教师的职责是执行。教师不去研究社会需求，不去研究开办新专业及培养目标的调整，不去研究教学计划体系的组成，更没有必要开展课程改革，按照职业岗位能力需要整合课程，按照理论必需够用为度，删减不必要的课程内容……当时，课程结构按"老三段"式——文化课、专业基础课、专业课，按照技术员的培养目标建构课程体系和课程结构。课程特点是强调学科性、系统性，轻实际而重理论。课程中包含着冗长而空洞的理论阐述，复杂的推导计算过程，理论计算多但很少与实际结合。

（二）市场经济初期自主制订教学计划

20世纪90年代初期后，国家已开始实施改革开放政策，经济文化教育各领域迅速发展。狭窄的专业面和单一、较低的办学层次，已经不能适应社会需要，职业学校面临着生存的危机。高职院校只有面向社会和面向市场自主办学，才能在竞争中取胜。因此，必须自主制订主动服务社会需求的教学计划，实现教学计划制订的飞跃性变革。高职院校开始按照市场经济的要求开发新专业。最初，由于经济市场化，财会人员急缺，因此，许多高职院校开办了财会、市场营销、企业管理等经济和管理类专业；随着计算机信息时代的到来，许多高职院校开办了计算机应用、网络、软件、电子技术应用等专业；继而以数控加工技术为基础的现代制造业迅速发展，许多高职院校又开办了机电一体化技术、数控加工技术、模具加工技术等专业。20世纪90年代中期后，教育教学改革的思想在职业教育界广泛传播。在教学计划的制订中我们开始借鉴"以能力为本位"的思想，开发和调整教学计划。从职业岗位能力分析入手，设置各专业的能力模块，由职业能力模块确定所需要的知识和素质，由知识整合形成课程。

（三）"以就业为导向，以服务为宗旨"的教学计划

20世纪末期到21世纪初，由于市场经济和改革开放向纵深发展，国家需要大批高素质技术技能人才，因此，我国原来的许多中等专业学校纷纷改制升级为高职学院，高职院校如雨后春笋涌现出来。随着教育改革的逐步深化，高职院校教学管理者的思想观念发生了深刻的变化，已经认识到在激烈竞争的市场面前优胜劣汰，适者生存。高职院校必须适应社会，服务于社会，把握社会发展的脉搏，才能自我发展、自我强大。教学改革已经在教职员工中（特别是在广大教师）形成了深刻的思想基础和广泛群众基础，教学计划的制订进入全方位的改革阶段。

首先，在专业设置和开发方面，各高职院校从社会需求入手，经过对行业企业等用人单位的调查及社会、政治、经济、历史背景分析，设置新专业或调整老专业，以职业岗位或岗位群为依据设置专业及专业方向。

其次，在专业教学计划开发方面，各高职院校的专业教学计划中的课程设置主要从以下角度考虑：一是从职业能力分析入手，分析职业岗位所需的各种知识、能力、素质并确定所需的各门课程；二是从职业技能（资格）等级证书需要设置各种课程；三是从学生自身发展需要，如获取信息、运用信息、参与社会活动、组织管理、自我发展、就业创业等需要设置课程。

再次，在教学计划的实施方面，许多高职院校的教学计划具有良好的操作性。新教学计划在教学大纲制订、教材编写、师资培养、学生学习指导、实训基地建

设、教学方法、考核方法等环节尽量得到落实。新教学计划最重要的配套文件是教学大纲，要求每门课必须围绕课程在培养目标中的作用，编写教学大纲，并按照大纲落实教材。实践教学已成为教学计划最重要的组织部分，由认识实习、生产实习、综合实训、考证培训等形成完整的体系。按照实践教学的需要开展实习实训基地建设等各项工作。

最后，在建立教学计划的评价指标体系方面，为促进高质量教学计划的形成，许多高职院校初步形成了一个对教学计划制订和执行过程进行全过程、全方位评价考核的指标体系，有效地促进了高质量、符合教学改革要求的教学计划的形成。

二、我国高职教学计划管理的缺陷

综观我国众多高职院校的教学计划工作，目前存在的问题突出地表现在以下几个方面：

一是教学计划与本校实际、区域经济发展要求相脱节。我国许多高职院校在编制教学计划时，只重视教学计划的完整性，多数高职院校是照搬本科院校相关专业的教学计划，对本校、本地区经济发展的实际情况考虑欠周到。这种做法的直接后果：一是部分课程临时上马，课程的教学质量难以保证；二是近年来出现了毕业生就业难，有些学校为了缓解毕业生就业的压力，看到哪种专业人才市场需求量大就办哪种专业，反映在制订专业教学计划时，对人才的社会需求缺乏深入细致的调查研究，采取了临近学生毕业改专业的做法。

二是对高职专业的课程设置、知识结构和能力结构研究不够。高职院校计划所开设课程的门数和课时数以及文化基础课、专业基础课和专业课的比例都存在随意性，对课程之间的衔接问题也缺乏相应的研究。

三是配套工作不完善。高职院校在编制教学计划的同时，没有做好各专业及课程配套的教学大纲、教材建设、参考资料、习题与训练等工作。

四是没有突出高职教育的特色，在课堂教学中还存在重理论轻实践的倾向。

五是重计划的编制，轻计划的实施。高职院校在教学管理过程中，普遍存在重计划的编制的现象，但在实践过程中往往没有真正实施。

三、高职院校教学计划制订原则

高职院校制订科学合理的教学计划，必须遵循一定的原则，主要有：

一是科学性原则。对于高职院校的教学计划，要具有科学性，既要考虑到专业实际情况，又要符合教育规律。一般的高职院校专业，每周应安排在 22 课时左右,公共基础课、专业基础课、专业(技能)课的比例安排要科学合理。

二是计划性原则。高职院校制订教学计划一定要考虑各种因素的影响,经过研究论证后确定教学计划,要坚持计划的严肃性。计划一旦确定,就要严格执行,而且还要保持计划的灵活性。确定的教学计划应有一定的弹性,以便适应可能出现的各种情况变化的要求。

三是相对稳定原则。高职院校教学计划确定之后,应稳定一个时期,不能总处于变动状态,特别是人文社科类专业的教学计划,要在逐步完善的基础上,根据社会经济发展的需要,保持一定时期的稳定,否则就会使教学计划执行起来很困难,令师生无所适从。

四是实践性原则。高职院校在制订教学计划时应把实践性教学放在十分突出的地位,计划中的实践课与理论课的比例要达到1:1,特别要突出加强基本技能的训练和注重动手能力的培养。

五是监督性原则。教学计划制订和实施以后,就必须加强监督,要求教师的教学活动严格按教学计划执行。学校教学管理部门应该经常对任课教师的教学计划进行检查和监督。

四、高职院校教学计划制订要求

高职院校教学计划的制订或修订要以三个面向(面向市场、面向区域和面向未来)为指导,符合党中央国务院关于高职教育的要求与《职业教育法》的精神,结合国家教育部颁发的"专业教学标准"等相关标准为依据,指导教学工作,为学分制、弹性学制作好准备。高职院校制订的教学计划必须具有以下几个特点:

(一)培养目标具体明确

高职院校在教学计划中,对学生的德、智、体、美、劳方面要有比较明确的要求。此外,高职院校在制订教学计划时,还要明确人才的培养规格,即学生所具备的知识、能力和素质结构。

(二)课程设置科学合理

高职院校的课程设置和总体结构必须考虑高职院校的教学特点和人才培养目标与培养规格。制订教学计划要考虑到教学内容的实用性和应用性,还要注意知识的实际运用,包括运用的条件、方法、手段、效果检查和评定等,主要精力不是放在理论分析和探讨上,教学内容要有较强的针对性。高职院校在制订教学计划时,课程的设置和结构应考虑以下五点:一是加强专业基础课的比重和教学工作，为学生的专业学习打下坚实的基础；二是专业课的设置应本着"少而精"的原则，突出基础知识和基本技能的教学内容；三是教学计划中课程的衔接问题，课程开设顺序必须根据知识的内在联系，按循序渐进的原则安排，同时，各门课程又有一定的横向联系，教学进程的时间也要科学，以便各门课程在互相衔接的基础上能够既有先后，又有交叉，前者为后者打好基础，后者通过运用、巩固得以加深前者，理论教学与实践教学也要衔接和同步；四是教学计划中各门课程的课时分配，要根据各课程的目的、任务、性质和特点及在专业中课程的地位、作用来确定，分配时间要保证重点课，照顾一般课，不能平均分配，从教学实践的效果出发，合理调整各课程的时数，要辩证地处理好拓宽知识面和保证主干专业课的关系，加强课程开发与课程的整合；五是增加选修课的比重。按照高职教育的特点，高职院校不应追求专业的理论体系全，而应将教学的重点放在职业技术层面上。为适应知识更新速度加快和学生将来就业面广的要求，在制订教学计划时增加选修课的比重，开展知识讲座，重视实践体验，以增强学生的适应性。

（三）重视实践教学环节

高职教育的特色与生命就是要突出实践性教学的核心地位，与社会生产实际密切联系，实践教学在教学计划中的课时应达到50%以上，实践形式可以按专业不同进行安排，包括认识实习、课程实训、顶岗实习、毕业实习、综合实训、毕业设计、社会调查和劳动实践。高职院校的实践教学应注意以下几点：

1. 理论教学实训化

高职教育不仅要使学生掌握生产的一般原理和程序，而且必须训练出精良的技艺。课堂传授理论知识应以浅显、够用为限，重点要强化实训过程，按课程方式组织实训教学。高职院校实训教学的学分应单记，以突出实训课程的重要性。

2. 实训方式多样化

高职院校既要有校内教室、演示性实验室、验证性实验室，也要有校外的实习实训基地进行工艺性、设计性、可操作性实训，还要有实际生产一线的顶岗实习。使高职学生在多种形式和真实职业环境下获得最优化的教学效果。

3. 教学手段现代化

高职院校要加强课程教学的软、硬件建设，提高教学仪器设备的现代科技含量，引进多媒体网络教学。注意实训技术的先进性，面向区域经济社会发展、依托行业实践开办"模拟公司"和建立模拟实验室，通过校企项目合作办学，创立教学生产模式、科研生产模式、教学科研模式，不断深化教学改革，办出特色专业。

第二节　高职院校教学运行管理

教学运行管理是高职院校组织实施教学管理计划中最核心、最重要的部分，其包括两个重点：一是课堂教学（含实习实训）的管理，要发挥教师的主导作用和学生的主体作用，贯彻教学相长的原则；二是以教学管理职能部门为主体的教学行政管理，应制订教学工作制度的规程，对课堂教学、实习实训、课程设计、毕业设计（论文）等教学环节提出要求并认真组织实施。

教学运行管理包括课程教学大纲的制订、课堂教学环节的组织管理、实践性教学环节的组织管理、学籍管理、教师工作管理、教学设施管理和教学档案管理。

一、课程教学大纲的制订

教学大纲是落实培养目标和教学计划最基本的教学文件，是教学的依据，因此列入教学计划的每门课程都必须制订教学大纲。

（一）教学大纲制订的内容与要求

教学大纲要准确地贯彻教学计划所体现的教育思想和培养目标，服从课程结构与教学计划的整体要求。相同课程在不同专业的教学计划中要按各自课程结构的要求有所区别；新开发的课程，原则上要先制订教学大纲，而后编写讲义或确定教材；教学大纲要体现改革精神，不能服从于某本教材或某一时期的特定体例。教学大纲的内容应包括本课程的教学目标、教学内容和基本要求、实践性教学环节要求、学生学习要求及必要说明等部分。

（二）教学大纲的制订方法与建议

各高职院校应该参照教育部提出的课程教学的基本要求，提出学校制订（修订）教学大纲的原则性意见，再组织教师进行具体课程教学大纲的编写工作，经教研室讨论、修改，院校相继认定、批准后施行。教师在教学过程中应根据教学大纲的要求，结合科学的研究与发展，创造性地执行教学大纲并及时反馈意见，及时修改和调整教学大纲。

高职教育以培养高素质技术技能人才为目标，开设的课程以"应用"为主旨和特征进行构建，公共基础课应根据专业的需要以"必需、够用"为度，要强化专业训练，注重专业（技能）课的针对性和实用性。基于此，高职教育的教学大纲应不同于普通高等教育，应突出体现对学生技术应用能力的培养。高职教育的教学大纲没有固定的编写模式，可以根据专业的培养方案，选择确定相对合适的大纲编写模式，使之更好地体现对学生技术应用能力的培养。

教学大纲主要包括课程性质与任务、课程基本要求、课程内容、本课程与其他课程关系、教学时数分配、教材及参考书等方面的内容。以能力培养为中心的目标，在教学内容的安排方面，以"必需、够用"为前提，对理论知识进行精化，教学学时分配上保证了实践性教学。实践性教学一般包含在理论教学大纲中，因此，建议在教学大纲中对实习实训的类型、目的、内容、主要设施设备等内容进一步规范。另外，教学大纲制订完毕，经批准实施后，还要采取适当措施保证教师根据教学大纲的要求进行教学并及时反馈意见，及时修改、调整教学大纲内容。

二、课堂教学环节的组织管理

按照培养计划，高职教育的教学可以分为理论教学与实践教学两大类。其中，理论教学以传授文化与专业理论知识为主，一般通过课堂教学的形式来完成；而课堂教学的组织与管理是教学管理工作最基本的管理活动。

（一）课堂教学环节组织管理的内容与要求

课堂教学环节的组织管理要认真选聘有相应专业水平、有责任心、有教学经验的教师任课，非师范院校毕业的教师要补好教育基本理论课，教师开设新课程要有严格的岗前培训制度并要求课前试讲。组织任课教师认真研究和讨论教学大纲，组织编写或选用与教学大纲相适应的教材或教学参考资料，依据教学大纲编写学期授课计划、教学进程表与教案。另外，还要有组织地进行教学方法研究，对积极钻研并创造新的教学方法并且在培养学生良好学风、提高自学能力和创新能力方面做出贡献的教师，要给予奖励。积极推广计算机辅助教学、多媒体教学及虚拟技术等现代信息技术，扩大课堂教学的信息量，提高课堂效率。

（二）课堂教学环节组织管理的方法与建议

1. 按照培养计划的要求制订各学期的教学进程表和各专业学期课程安排表

教务处下达各系部，由二级学院及教研室确定任课教师，填写教学任务书，在教学任务分配这一环节上，可以通过引入竞争机制，充分调动教师的积极性，提高教学质量，同时也要注意统筹安排，科学规划，优化分配教学任务，提高整体教学水平。

2. 教师依照教务处提供的课程表确定授课计划进行授课

授课计划是根据课程教学大纲并结合课程计划学时及学期周学时，对课程授课内容的进程及学时分配进行规划的一种教学安排文件，是保证课程教学正常运行的重要依据。一般要求在每学期开学初，教师就必须将课程授课计划写好，一式四份。其中，教师自持一份，一份交给所在二级学院存档，一份交给教务处存档，一份交给任教班级。

3. 二级学院（教学部）负责教学过程管理，组织开展教研活动和教学检查

在执行过程中，各二级学院（教学部）负责本部门教学过程中备课、授课、批改作业、课堂教学、答疑等环节的管理，开展教研活动，配合学校做好各项教学检查工作。应通过抽查学生作业、分析试卷成绩、听课、召开座谈会等方式，对各教学环节质量进行经常性检查，提出改进方案并组织实施。教务处组织期初、期中、期末教学检查工作，提出教学检查工作的指导性意见，协调与改进教学中出现的问题，写出教学检查总结并上报学校。另外，教务处还负责经常性的日常教学检查，收集教学信息，汇总、整理、分析各类教学管理统计数据，编写教学动态，对教学中发生的事故，应认真核实，并提出书面处理意见上报主管领导。

4. 考核和评定学生成绩并根据学生考核成绩进行情况分析

课堂教学的最终效果需要通过课程考核来衡量，课程考核可以采取多种模式。为保证考试结果的真实性、权威性，必须制定严格的考试制度，严肃考场纪律，精心布置考试工作。

三、实践性教学环节的组织管理

实践教学是教学运行的主要表现形式之一，是教学中理论联系实际的主要环节。实践性教学环节在职业教育的培养计划中占有相当大的比例，包括课程实训、认识实习、跟岗实习、顶岗实习、毕业综合实践项目、毕业设计（论文）、技能考证（x证书）实训、劳动实践等。

实践教学的组织与管理是教学管理工作中最基本的管理活动，其主要内容包括以下几个方面：

（一）实践教学内容的组织与管理

实践教学内容必须严格按照专业教学计划及教学大纲对实践环节的要求进行教学。对于独立设课的实践课程应配有相应的教学大纲，要加强实践教学内容的改革力度，增加综合性、设计性和应用性实践项目，加强现场模拟教学的组织和设计，训练学生的基本技能和应用能力。

（二）实践教学过程管理

主要包括实践项目准备情况、师生到场情况、实践教学项目实施过程情况、实践教学结果情况、实习实训报告、设施设备使用情况、实践教学纪律等方面的管理内容。

（三）建立严格的实践教学考核制度

规范实践教学的考核管理，规范实践教学的考核办法，以保证实践教学质量。

（四）实训的组织管理

实训是按照人才培养的规格要求对学生进行的职业技术应用能力训练的教学活动。高职教育的目标是培养工作在生产、管理、技术、服务第一线的应用性人才，以实训的形式进行实践性教学活动，对培养、提高学生的职业技术能力，有着不可替代的作用，因此，实训是高职教育中最为重要的办学特色。

应根据专业培养计划和学期教学运行表来确定实训任务，制订实训大纲，落实实训经费和实训安排，确保学生正常实训并在实训后期按照要求进行理论和实践操作的考核，最后再评定成绩。实训结束后，应进行总结并鼓励学生参加国家职业技能鉴定，获得相应证书。

（五）实习的组织管理

实习应安排在企业工作现场，是结合专业课程教学的实践教学形式。学生通过实习得到实际工作锻炼、学习生产技术或其他专业技术，巩固专业知识，提高专业能力。

学校应根据培养计划，确定学期的实习任务来制订实习大纲，加强同企业的合作，把学生放入企业中，利用企业工作现场并结合最新的生产技术，在岗位上对学生进行实际训练。在企业工作现场实习，有利于提高学生的职业素质。高职教育所培养的能力不应仅是某项或几项具体的"技能"，而应该是知识、技能和态度等素质要素的整合。企业实习不仅要培养学生的专业技能，也要培养学生的社会责任心、职业道德、诚信品质和团队精神。学校应明确相关职能部门负责学生的校外实习工作并进行必要的检查，及时发现问题解决问题，保证学生校外实习正常进行。实习结束后，应由实习指导教师和实习单位对实习学生进行考核。指导学生校外实习是高职教师工作的重要组成部分，是教师更新自身实践知识和提高实际能力的重要途径，学校应加强对校外实习指导教师的管理并采取激励措施鼓励积极承担校外实习指导工作。

（六）毕业设计（论文）的组织管理

毕业设计是学生学完教学计划所有课程后，在教师指导下，综合运用几年来所学的知识和技能，独立完成的总结性作业。培养计划的最后一个阶段应该安排落实毕业设计，下达毕业设计（论文）任务书。学校应该根据培养目标和培养计划制订较为详细的关于毕业设计（论文）的原则性意见，做好毕业设计前期的学生动员工作和毕业设计中期检查工作，了解情况并帮助学生解决问题，最后在毕业答辩的基础上进行成绩考核。

四、学籍管理

学籍管理是教学管理的重要环节，是保证人才培养质量的重要手段。

（一）学籍管理的内容与要求

学籍管理的基本内容包括对学生的入学资格、在校学习情况及毕业资格的检查、考核与管理。学校应结合教育主管部门文件制订本校的学籍管理办法并建立学籍档案，在日常学籍管理中应管好成绩记录卡和学籍卡，做到完整、准确、规范、及时。

（二）学籍管理的方式及建议

学籍管理方式应该有利于提高教育质量和效益，要在管理过程中和管理手段上与教育紧密结合起来，加大对学生激励的力度。加强学籍管理制度的贯彻和解释，让师生充分理解学籍管理各项规定的内容，以发挥学籍管理的教育职能，确保学籍管理工作顺利进行。

学生注册是学籍管理最基本的手段之一。学籍管理要维护学生注册制度的严肃性，建立严格的学期注册制度并在注册制度的基础上，探索学年制、学分制的改革。学分制以学分作为学生学习的计量单位，以取得必要的最低学分为毕业标准；从学籍管理的角度来看，学分制更为科学、合理、灵活；学分制的核心是选课制，因此，学分制的学籍管理制度要为学生选课提供适应的环境和体制保证，让学生拥有选择时间和空间的余地，使学生自主安排学习进程，选择适合自己的课程。在课程考核成绩方面，学分制学籍管理采用学分绩点制，规定课程的学时、考核、成绩与学分绩点的对应关系，明确学生每学期及在校期间必须达到的平均成绩点数，并与学生评优、毕业相联系。

学籍管理应利用先进高效的计算机信息管理方式，建立一套完整的学生学籍信息资料档案，从而可以便捷地统计、查询、检索学生各类学籍信息，及时了解学生的学习状况，进行适时调控。管理信息化是学校上水平、上层次的重要标志。

五、教学设施设备管理

教学设施设备管理为教学运行提供物质保障，是保证学校具有良好教学环境的基本管理工作。

（一）教学设施设备管理的内容与要求

教学设施设备管理包括搞好教室、实验实训室、实训基地等教学设施的合理配置与规划建设并充分加以利用；制定必要的规章制度，保证教学需要，提高资源的使用效益。注意，应根据需要与可能，改进教室的功能，建设必要的多功能教室。

（二）教学设施设备管理的方法和建议

教学设施设备管理要做好院校之间的责任划分，对教学设施设备进行定期检果，对购置投资较多的教学设施设备应纳入学校的长期规划，日常消耗或投资较少的教学设施设备购置可纳入全年教育经费计划，逐年充实、淘汰。另外，还要建立器材建账、移交、报修、清点、报废等制度，指派专人保管，妥管维护。

学分制、选课制的改革对教学设施设备管理提出了更高的要求，需要丰富的教学资源和灵活、便捷、高效的管理方式，学校要逐步把先进、实用的信息化管理手段纳入教学设施设备的管理中。

教室管理是一项需要很多部门协同负责的工作，应制订相应管理办法明确合理地规定教务、后勤、教育信息技术等相关部门在教室管理中的责任，即教务处负责统一调配，后勤部门负责教室的日常维护、清洁、设备维修与管理，教育信息技术部门负责教室的多媒体设备（含软件系统）及扩音设备的日常管理及维护。教室管理需要优先保证教学计划中的教学安排和本校学生的自习。此外，有偿借用和无偿借用教室也是制定教室管理制度时需要考虑的问题，同时，作为教室使用者的教师和学生的行为也要有相应的规范。教室管理只是教学设施设备管理的一部分，教学设施设备管理还包括实验实训室、实训基地等管理。

六、教学档案管理

教学档案是指学校在教学管理和教学实践活动中直接形成的具有保存价值的

文字、图表、声像等不同载体的文件材料。教学档案管理不仅是教学管理的重要方面，而且也是衡量高职院校教育管理水平和教育质量的重要标志之一。

（一）教学档案管理的内容与要求

各级教学管理部门都要建立教学档案，教学档案管理内容包括：上级教育主管部门及学校下达的政策性、指导性文件及有关规定；教学基本建设的各种规划和计划；自编教材、教学参考资料、实训实习指导书、习题集、试题库（试卷库）、试卷分析及各种声像资料等；学期教学工作计划、教学工作进程表、教学计划、教学大纲、学期授课计划、课程教学总结、实习总结等；课程设计任务书、毕业设计（论文）任务书、优秀毕业设计（论文）；学生学业成绩、学籍变动情况、整理分析的学生座谈会记录、毕业生质量跟踪调查、毕业资格审核等材料；教学改革进展情况、教学研究计划、总结、典型经验材料和教学研究刊物；教师业务档案、各种奖励及成果；教师评教材料、督导团活动材料、教学工作会议纪要等；其他有必要建档的教学文件和资料。教学档案实行分级管理，编目造册，建立教学档案查阅制度，充分发挥教学档案的作用。教学档案管理应充分使用现代化管理手段。

（二）教学档案管理方法与建议

教学档案管理要建立相应的规章制度。各高职院校应该在学习《中华人民共和国档案法》《普通高等学校档案管理办法》《高等学校档案实体分类法》《高等学校档案工作规范》等法规政策的基础上，建立适用于本校的具体档案管理规章制度，使档案管理能够做到按章办事，按规操作。

教学档案管理应实行"三纳入、四同步"：纳入教学计划规划、纳入教学管理制度、纳入各级管理人员的岗位责任；下达教学任务与提出教学文件材料的归档要求同步，检查教学工作与检查教学文件材料形成积累情况同步，评审鉴定教学质量、教材、毕业论文、优秀教学成果与审查验收档案材料同步，毕业分配、上报评审材料、教师考核晋升与档案部门出具归档证明同步。

教学档案管理要建立教学档案机构，建立专、兼职人员相结合的档案管理队伍，明确各级各类的职责，指定专人负责档案的收集、整理、立卷、归档工作，按照集中统一管理的原则，把分散教学文件材料集中起来，进行统一管理。档案管理人员要结合本校的实际情况，编制好各类检索工具，以方便教学档案的使用。

另外，还要加强教学档案的信息化管理，利用计算机系统开展教学档案的查询检索，辅助立卷、编制目录、数据统计、学籍档案管理等各项业务工作。

第三节　高职院校专业建设与管理

进入新时代后，我国高职院校的专业建设取得了很大成绩，各高职院校开发了不少富有特色的专业，但是这种探索和研究大都集中于单个专业的选择和建设上，缺乏整体观。"盲目跟风"，追逐"热门"的现象时常发生，结果是各院校之间专业结构趋同，与区域经济社会发展对人才需求难以耦合。这里有很多原因，其中，缺乏整体观是一个重要原因。因此，高职院校的专业建设不仅要从单个专业的角度进行思考，而且更应从整体的角度进行研究。

一、高职院校专业体系特征

系统论特别强调整体性，认为整体是一种力的结构、系统或综合体，是作为一个单元来行事的。各个组成部分都以整体作为其存在的前提和条件并围绕整体目标的实现来协调彼此的关系，发挥有效的协同作用；整体应保持稳定、统一和活力，各个组成部分则需要通过新陈代谢以维持这种稳定、统一和活力。为便于运用整体思想指导专业建设工作，高职院校引入专业体系的概念，并将其定义为：一所学校所有专业按照一定的内在联系构成的一个整体。分析高职院校专业体系的基本特征是搞好高职院校专业建设的前提。高职教育是一种类型教育，培养的是高素质技术技能人才，因此，高职教育既不同于普通高等教育，也有别于中职教育，具有"高等性"和"职业性"的双重属性，这就决定了高职院校的专业体系具有独特的体系特征。

（一）职业性特征

职业性特征是高职院校专业与普通高等学校专业体系的根本区别。对普通高等学校而言，专业是为学科承担人才培养的职能而设置的并以学科发展为导向来设立并发展的，因此专业体系具有鲜明的学科性特征。对高职院校来说，专业则是培养高素质技术技能人才和组织教学的载体，而且以市场需求为导向来开发并调整专业，因此，高职院校的专业设置与普通高等学校有着根本的不同，是面向不同的职业分工来设置的，这就决定了专业体系具有明显的职业性特征。

（二）高技术性特征

高技术性特征是高职院校与中职学校专业体系的根本区别，是高职教育"高等性"的重要标志。与中职学校培养的传统技能人才相比，高技术性人才除具有起点高、规格高及较高的文化知识素质外，其"高等性"还体现在以下三个方面：专业理论和技术原理知识深厚，前沿性技术了解和掌握程度较高，专业复合性更强。这是由高技术人才岗位工作要求决定的。例如，CAD/CAM在制造业中的推广，就要求高技术工人具备深厚的专业理论知识，掌握现代的高新技术，既要会机加工技术，又要会计算机辅助设计和制造技术。高职院校应该充分注意这种"高技术性"特征，否则高职教育就会"种别人的田，荒自己的地"，不仅对中职教育形成挤压，而且无法实现自身的价值目标。

（三）综合性特征

综合性特征是由社会职业的纷繁复杂性决定的。高职院校的专业是根据人才市场对从事各种社会职业技术技能人才的需要而设置的，尽管它不可能与社会职业完全对应，但与社会职业的联系却是千丝万缕的。因此，高职院校既有文科类专业，又有工科类专业，还有医卫、农林类专业，专业体系的构成具有很强的综合性。不仅如此，随着社会对新技术人才素质要求的不断提高，他们所从事专业相关知识的综合性也越来越强。例如，由于社会要求护士形象从单纯的疾病护理者和生活照顾者扩展为健康教育者、健康保健和心理卫生提供者，因此，护理专业改变了原来只属于自然科学领域或生物医学领域的性质，从传统的附属于医疗工作的一门职业技术演变为融自然科学和社会人文科学知识为一体的综合性应用专业。因此，只有具备了综合性，高职院校的专业体系才能真正培养出适应社会职业要求的新技术人才。

（四）灵活性特征

灵活性特征是由社会职业变动不居的特点决定的。随着传统产业的升级和高新科技转化为新的产业，社会职业也发生着相应变化。旧的职业不断淘汰，新的职业不断涌现，职业体系越来越呈现出动态性特征。如美国在近5年中，有7 000多个职业岗位消失了，但同时新增了8 000多个具有较高技术含量的职业岗位。这就决定了高职院校的专业体系必须具有灵活性特征，以利于适应社会职业变动不居的局面。灵活性特征包含三层意思：一是应根据经济发展和职业岗位变化，及时开发"适销对路"的专业，而不能像普通高等学校那样固守既定的专业目录；二是要通过拓宽专业口径增强社会适应性，并以宽口径专业为平台设置灵活的专业方向，以满足不同时期、不同部门的不同需求；三是推迟学生的专业定向，让学生在选择专业之前有更多机会发现社会的真正所需和自己的兴趣与潜能之所在。这也是当前各国高等教育发展中一个较为流行的趋势。

第四章 高职院校教学管理内容

（五）地方性特征

地方性特征是由我国高职教育服务区域经济社会发展的指导思想决定的。我国幅员辽阔，各地区的经济发展水平、产业结构、社会结构千差万别，高职教育服务于区域经济社会发展的要求决定了其专业体系必须具有地方性特征。地方性特征表现在两个方面：一是不同地区的高职院校具有不同的专业结构；二是相同的专业在不同地区具有不同的知识结构、培养方案和教学要求。

二、高职院校专业开发原则

高职院校的专业开发在考虑市场需求的同时，必须遵循教育规律，力求实现教育规律与市场需求的有机统一。根据专业体系的特征要求，高职院校在构建专业开发的过程中必须遵循如下原则：

（一）社会需求与质量保证有机统一的原则

社会需求与质量保证有机统一的原则是高职院校专业开发的根本宗旨和总原则，一方面，要求我们不仅具有对社会发展动态的敏锐洞察力，按照核心产业—相关产业—附加产业的"产业链"思想，形成主干专业和相关专业互为联系的专业群，而且还具有对经济、科技、文化发展变化的快速应对力，及时调整专业结构，保证专业体系的时代气息；另一方面，要求我们从国家经济运行质量和新技术人才规格的高度认真对待专业开发工作，从教学设备、实训基地、教师队伍诸方面确保专业体系正常运行的基本条件，以保证人才培养的规格和质量水平符合要求。

（二）适当超前与量力而行有机统一的原则

随着科技革命的不断深化，知识增长的速度越来越快，岗位技术的半衰期越来越短，而人才培养需要一定的周期，高职教育滞后于科技进步和社会发展的问题，将变得日益突出和严重，高职教育的有效性和适应度因此受到严峻挑战。为应对这个局面，根本的办法就是根据科技发展趋势对职业岗位变化做出准确预测，在专业开发上考虑一定的超前性，以求得人才培养过程与市场变化过程的动态吻合，但这种超前性必须建立在可行性的基础之上，学校应根据自身实力"有所为、有所不为"，不能盲目铺摊子、上项目，要做到超前性与可行性的有机统一。

（三）整体稳定与局部微调有机统一的原则

专业开发除了考虑社会需求外，还应考虑教育效益。提高教育效益的途径主要有两条：提高资源使用效率和确保教学稳定性。为此，一是尽量开发相近专业，并在已有专业的基础上繁衍新专业，形成新的专业生长点，以实现专业之间在资源上的共享共用，发挥学校教育资源的最大效用；二是尽量开发具有长远发展前景的"长线专业"。这不仅是确保教学稳定的需要，而且也是不断积累经验，提高专业建设水平、建设特色专业、打造专业品牌的必然要求。考虑到专业体系应具有对不断变化的情况随时做出反应的机制，专业开发还应适时淘汰或开发一些短线专业。专业体系无长不稳、无短不活，应坚持以长为主、长短结合的原则，在保证整体稳定的前提下，及时进行局部微调。

（四）应对变化与针对岗位有机统一的原则

应对变化与针对岗位的矛盾是专业体系构建中最引人注目的问题，其核心是专业口径宽窄的问题。在科学技术迅猛发展的今天，职业岗位体系正在演变为一个动态系统，口径过窄的专业不利于受教育者的职业迁移和工作方向转移，因此，高职院校应通过拓宽专业口径来应对职业岗位的快速变化。鉴于不同地区经济社会发展的不平衡性，不同部门对人才培养要求的特殊性，应考虑以宽口径专业为平台设置有针对性的专业方向。例如，根据需要，电气自动化专业既可设定工作现场的电气运行、电气检测维护、生产质量监控等专业方向，也可设电气技术服务、电气设备销售等专业方向；而对那些社会需求变动较大的专业而言，则应采用"大专业加高年级定向培养"的方式来设置，以实现变化适应性与岗位针对性的有机统一。

三、高职院校的专业选择

专业选择是一项系统工程，专业发展是一个循序渐进的过程，它不仅需要系统内部各要素之间的协调发展，而且需要系统外部条件的保障。因此，高职院校必须首先抓好专业规划，科学地确定专业建设的指导思想、近期目标和中远期目标，提出切实可行的建设举措。高职院校专业管理的关键是专业选择，专业选择既要考虑社会需求，又要考虑学校实际；既要考虑短期效率，又要考虑长远利益；既要考虑超前性，又要考虑可行性。因此，专业选择具有很强的策略性，"分类选择"应作为高职院校专业选择的基本策略。

所谓"分类选择"策略，是指根据市场调查情况和学校的实际将专业分为四类，对不同专业采取不同的选择策略：

第一类是具有高市场增长率和低相对市场占有率的专业。"高市场增长率"是指市场需求量大，"低相对市场占有率"是指学校这类专业开办得较少或规模较小。这类专业大都属于新兴专业。第二类是具有高市场增长率和高相对市场占有率的专业。这类专业一方面，市场需求量大；另一方面，学校开办得较多或规模较大，因此，大都比较成熟。第三类是低市场增长率和高相对市场占有率的专业。这类专业尽管市场需求量并不大，但学校占据着较高的市场份额。第四类是低市场增长率和低相对市场占有率的专业。需要指出的是，同一个专业对不同地区的不同学校可能归为不同类别；相反，不同专业对不同地区的不同学校也可能归为同一类别。

对高职院校来说，上述四类专业具有不同的发展前景和潜力，因此，必须采用不同的选择策略。第一类专业对一所学校来说大都属于新兴专业，开办此类专业有一定风险或难度，但考虑到这类专业的市场需求量较大，高职院校应每年选择少量此类专业精心建设，以满足地方经济发展需要；第二类专业发展比较成熟，经济效益较佳，应作为学校专业体系的骨干部分，并在此基础上开发新的适销对路的专业方向；第三类专业是学校具有较长办学历史的优势专业，尽管市场需求量不大，但"人无我有"，可作为学校的特色专业精心打造；第四类专业无疑属于"夕阳专业"，不管以前如何辉煌都应作为淘汰的对象。当然，"分类选择"是一个动态过程，需根据情况的变化适时调整，但它作为一种基本策略，无疑值得我们研究和采用。

四、高职院校的专业建设

加强专业建设是高职院校提高教育教学质量和办学效益的一项重要工作，不仅是抓内涵、抓质量、上台阶、上水平的突破点和着力点，而且也是做强做优的根本途径。专业建设应立足于生产、建设、管理、服务一线的目标，突出职业岗位需要，使教学能面向区域经济发展、产业结构调整、高科技发展需要，按行业和企业的要求培养人才，因此，专业建设中必须重视以下五个方面的建设工作：

（一）明确人才培养目标定位

高职院校的人才培养目标定位必须以"教育要面向现代化、面向世界、面向未来"的精神为指导思想，以建成小康社会、建设创新型国家为主要宗旨，主动服务于行业企业建设、地方经济和区域发展；坚持科学定位，坚持以培养适应生产、建设、管理、服务第一线需要的高素质技术技能人才为目标，培养实践能力强，而且具有良好职业道德与职业素养的技术技能人才。人才培养目标的定位应突出高职院校的特色，围绕学校的发展规划，认真进行市场调查研究，以区域经济建设、社会发展、科技进步对人才需求的趋势，结合学校实际，发挥优势，准确定位。高职院校的专业建设必须始终以人才培养目标为核心，以符合人才培养目标的客观要求。

（二）加强高职课程体系建设

人才培养方案中的教学计划应明确具体的专业核心课程与专业核心能力，不仅要有独立的实践教学计划，而且还要考虑课程的结构、比例权重、内容衔接等方面的因素，力求做到理论教学与实践教学相统一，能力培养与知识传授相统一，构建"以职业为导向、以能力为本位、以学生为中心"的能力标准和课程体系。课程改革是专业建设和教学改革的核心，要体现以全面素质为基础，以综合能力为本位的教学指导思想来构建适应区域经济建设、科技进步、个性发展的具有高职教育特色的课程体系。课程体系的建立必须按照人才培养方案规定的要求进行，形成符合教育教学规律结构科学严谨，理论与实践紧密结合的课程体系，同时，建立各类课程的课程标准。课程体系应紧扣职业标准中职业功能、工作内容（工作单元）技能要求及相关知识，坚持以职业资格标准为主线组建课程体系，以职业资格证书的应知应会的内容构建教学计划，在理论教学的课程中掌握应知的基础知识，在实践教学中学会应会的基本技能。课程体系的建立必须突出基础理论知识的应用和实践能力的培养，课程中的教学内容要突出基础理论知识的应用性，基础理论教学要以应用为目的，以必需和够用为尺度；专业课程的教学应强调实践能力的培养，要加强针对性和实用性，减少演示性和验证性实验，增加工艺性、设计性和综合性实验，形成能够培养学生的综合实践能力的实践教学体系。高职专业的课程开发与建设必须紧紧围绕人才培养方案，依据课程在专业人才培养中的功能与任务，安排相应的教学内容、规划科学的教学方案、制订合理的教学进程，形成完整的教学大纲。课程的教学大纲要包括本课程的教学目的、教学内容和基本要求、课时分配、教学建设和考核要求等方面内容。

（三）加强高职特色教材建设

高职专业的教材建设要有合理的规划，选用的教材要符合课程标准（教学大纲）的要求，要尽可能地反映先进技术发展水平，有鲜明的特色，同时，能够满足人才培养目标的要求；要注意优先选用国家规划教材、精品教材、新型活页式工作手册式教材；根据各专业的特点，抓好特色课程的校本教材建设，编写一批具有较高水平的自编教材或编写能够及时反映与实际生产情况同步的新技术、新工艺、新设备和新产品的教辅材料。尤其注重，开发应以综合职业能力为主线，以系列项目教学为结点，将理论教学与实践教学融合一体，有利于职业能力培养的综合化、整合型高职特色教材。

高职教材的选用必须贯彻为专业服务的思想，体现理论之"必需、够用"高等教育属性和能力本位的要求，要有与实践课时相对应的实践内容。除了文字类教材与教辅材料外，要重视适用于高职专业的其他类型的课程资源建设，如实物样品、多媒体课件等，尤其要重视网络课程等信息化课程资源建设，形成文字教材、电子教材、教学软件等，为师生提供可共享的教学资源，也为学生进行自主学习提供平台，使课程学习不受时间、空间的限制，适应多样化的教学需要。

（四）强化师资队伍建设

师资队伍是专业建设的人才保障。在专业建设的同时必须建设一支数量适中，结构合理的专业教师队伍，配备具有较强专业能力的专业带头人。专业教师不仅要熟悉本专业的人才培养目标和人才规格，而且还应对人才培养方案中的知识、能力、素质结构有充分的认识。专业教师原则上都应具有相关专业的实践经验。专业带头人应具有高级职称，熟知教育规律，同时，具有丰富的生产实践经验，掌握本专业的发展动态，能与相关的行业企业保持密切的联系。在师资队伍的建设中，要加强对教师的培训工作，针对以能力为核心的职业教育模式对教师开展有关教育思想、教育观念、专业知识和技能、教育技术与教学方法的培训工作，实现教师队伍由知识型向能力型转变、由封闭型向开放型转变、由单一型向综合型转变。师资队伍的建设特别要重视教师实践能力的培养工作，加强双师型教师队伍建设。要建立教师定期轮训制度，选派教师到生产一线进行实践锻炼，着重提高教师专业能力和实践教学能力。另外，还可以从相关行业企业聘请一些有着丰富实践经验的技术员、能工巧匠、劳动模范作为专业的兼职教师，参与专业建设与管理，增强专业建设的活力，又担任实践性教学的指导教师，增加"双师型"教师比例。走产学研、校企合作道路，进行师资队伍的建设。设法引入企业的技术开发、人才培训和技术服务项目，鼓励专业教师指导部分优秀的学生去参与、去完成，从而使更多的教师真正了解企业、了解产品的开发与生产过程，增强教师解决生产技术问题的能力，促进"双师"素质的提高。此外，对各类教师的考核与管理也是师资队伍建设中必不可少的重要环节，因此，应在建立和完善课程教学标准后,按照标准对教师的教学工作进行考核,加强常规的教师教学管理,保证各类教师的学识水平和实践能力,以提高教学质量。

(五) 实践教学体系的建设

高职专业的实践教学体系的建立,要围绕着培养目标,在整体性教学计划指导下设立各课程实践教学的实施方案。可以从不同形式、不同角度出发,开展实践性教学活动。按照"从低级到高级、从简单到复杂、从单一到综合"的要求,制订建设实训基地的规划。校内实训基地要融理论教学、实践教学、技术服务为一体,能满足岗位职业技能训练的要求。要建立具有真实(仿真)职业场景、设备先进、软硬件配套和教学、科研、生产、培训相结合的多功能校内实训基地。在实训基地的建设中要保证满足教育培训的多样性,定期投入经费,不断更新仪器设备,以保证技术的先进性,让学生对生产前沿技术有直接的认识和掌握。在教学计划中安排足够的时间,让学生动手训练,切实提高学生的职业技能水平,满足高技能人才培养的需要,同时,还要设法使部分实训室具有真实生产的能力,能承接一定的开发性生产任务,通过对外承接工程项目、来料加工及其他社会服务,为学生实训提供真实的实训素材。与此同时,要建立一批与专业实践教学相适应的相对稳定的校外实习实训基地,选择具有先进管理水平和技术水平、能满足专业实践教学和教师顶岗锻炼需要的企业单位。在互惠互利的基础上,充分发挥社会教育资源效益,以签约的法定形式建立相对稳定的产学研合作关系,明确双方责任和权利,制订教学实习人员交换、科技合作等方面的合作计划,努力实现双赢。

总之,上述五个方面应是专业建设的必要环节。此外,深入开展教学研究,运用现代教育理念,探索教学模式和教学方法的改革,加强教学管理队伍的建设工作,构建专业质量评价与监控体系等,都是加强专业建设的重要内容。

第四节 高职院校课程建设与管理

一、我国高职院校课程管理现状

课程体系的建设是实现高职教育人才培养目标的关键。建立适合现代社会需求的高职院校课程体系,不仅是实现我国经济社会全面可持续发展,实施科教兴国、人才强国战略的根本所在，也是高职院校主动适应时代需要，提升办学质量，提高高职院校人才培养水平，增强自身竞争力，维持其生存和发展的必然要求。

长期以来，各高职院校根据自身实际开展"以就业为导向，提高教学的效率，最终实现全面提高学生的综合素质，提高就业竞争能力"为指导的课程改革，但由于主客观因素的影响，目前我国高职课程建设主要围绕职业岗位对人的能力和素质的要求而进行。课程目标的确立、课程内容的选择及课程价值的取向主要局限于就业能力的培养，局限于生产、工作所需要的素质。所构建的课程体系具有以下三大特征：一是课程内容过分注重与社会和市场化需要相联系的技术和管理知识，缺乏进行学生独立思考、操作、摸索、体会以解决问题的能力培养；二是课程过分注重关于生产过程的知识、原理、原则等，忽略对技术道德，即对技术的合理利用和职业审美愉悦等的技术伦理教育；三是课程过分注重技术技能训练，重视职业资格等级证书的获得，而较少关注学生内心世界的发展。

可见，现行的高职教育对人才的定位是掌握某种技能的"灰领"，培养出来的是适应生产、建设、管理和服务第一线的应用型、技能型的"员"，诸如跟单员、质检员、程序维护管理员、数控设备操作员等，但高职教育的本质要求是培养"人"，而不仅仅是"员"。高职教育的主要任务是培养高素质技术技能人才。这类人才，既不是白领，也不是蓝领，而是应用型白领，应该叫"银领"。

现行的高职教育对人自身的发展、对于精神生活的建构关注不够，过分关注其社会本位功能，使课程蜕变为训练"机器人"的工具，忽视个人本位发展功能，丧失了在促进人的全面发展、丰富人的体验方面的价值。所培养的学生只能是经验技能的堆集，虽能实现上岗即能操作，但难以应对社会变化的多样性选择，实现可持续发展，自我完善和发展能力低，不能适应社会发展需要的"员"。

综上所述，高职院校要真正从根本上扭转课程设置滞后、课程改革进展缓慢的局面，以完全适应国家战略和区域经济社会发展需求还有相当长的路要走。

二、人才需求与高职课程建设

高职教育的特质是培养学生熟练掌握一项或多项适合某岗位群要求的应用操作技能，上岗能做事；驾驭某种特定技术或项目领域的操作、变通能力，明晰并掌握工作流程、工艺结构、技术特质和环境；专一于技术生成的全部过程及技术发展的前景，能动地思考技术变革的策略、措施和方法，形成积极的研发方向；不断积累岗位服务的经验，养成专一于事业的良好品质。因此，高职院校的课程体系应该满足以下三种需要：

（一）适应职业发展的需要

职业教育是面向岗位能力、培养高质量应用人才的教育。职业自身的发展规律对从事该职业的人有着客观的要求，人才的知识结构要与社会广泛需求的职业群及相关的职业岗位技术标准相适应，其教学体系应突出综合运用知识的育人特色。教师应把根据不同技能模块综合之后的知识和技能教给学生，包括专业技术、与技术相关的专业理论、文化知识和与岗位相关的法纪要求、与合作相关的人际规则等。以此形成的能力课程，学生学了就能应用、能用、会用、管用，能够真正形成岗位能力。这种教学方式符合培养应用型人才的需要。

（二）适应学科发展的需要

高职教育虽不是学科教育，但某一职业往往是以某一个或几个学科的理论与方法作为基础的，因此，人才的知识结构应能满足岗位技能需求并体现基于应用的（非学科）知识与技能的系统性。职业教育课程体系改革要把普教模式下的各科分立、自成体系的纵向课程改变为以岗位能力为前提的、按照生产过程需要而将各科课程重新组合的横向课程。以此来突出知识和技能的岗位应用性，缩短教育与岗位要求之间的距离并强化技能。改变传统的学科型的课程体系构建以就业为导向的新型课程体系需要以岗位能力为前提，建立技能模块体系，根据各模块的要求综合教学内容，组织课程，选择教学方法，建立教学过程控制和教学质量检测的机制。这既是教学改革的难点，也是职业教育改革的希望所在。

（三）适应学生自身发展的需要

在当今社会更开放、发展更迅速的情形下，知识经济日渐凸显，技术含量日益提升，产业岗位轮换频繁。越来越快的岗位变动和职业流动，需要从业者对不同岗位有更强的适应性。一个知识面狭窄、技能单一的人，即使有较强的专业知识，但因缺乏专业间的横向渗透和伸张，在竞争中也难以占据有利位置，因此，人才知识结构的确定应能满足学生职业能力发展的需求，对学生的职业生涯规划和职业选择起到良好的导向作用。这就要求课程体系应能适应不同层次、不同爱好的需求，使学生能够按照不同的职业方向个性化成才，交往合作能力、职业行为能力、自我完善与发展能力等得到全面提高，以保证其目前和未来的社会生活需要。

三、高职课程体系建设思路

课程体系建设的基本思路是以高职教育内涵及人才培养目标与规格为指导，即课程体系建设要以相互间的联系为基础，与生产实践相结合；注重实践动手能力的培养，做到理论与实践并重，知识与能力相当；不断促进教学内容更新和加强学校与社会联系，整合优化课程体系。

（一）实现课程结构综合化、多样化和模块化

我国高职院校课程体系建设，无论从观念上还是从实践上都应当实现转变。传统教育注重的是专业化和统一化。专业化的课程使学生视野局限于狭窄的知识领域，难以有新突破；而统一化的课程会造成人才培养的单一化，很难做到因材施教，阻碍学生个性的发展及其创造力的发展。实施综合化、多样化和模块化课程可以变专业对口教育为增强适应性教育。将相关学科适当综合化可以发挥学科课程的特长以克服原有单科分段的弊端，有助于给学生提供完整的知识结构，有助于适应知识的激增。将课程模块化，则可以实现课程结构的柔性化。可见，实现课程结构的综合化和模块化既满足应用型人才合理的知识结构和智能结构，也适应课程个性化的要求，因此，课程设置要紧扣专业培养目标，满足行业岗位对知识和能力的需求，即既能满足行业多岗位转换甚至岗位工作内涵变化、发展所需的知识和能力，又能使学生具有知识内化、迁移和继续学习的基本能力。课程设置时，除最基本的知识实行必修课外，应尽量增加选修课，加强和拓宽专业选修课是为了保证学生合理的知识结构，可以实行模块式课程，将选修科目分成几个较大的模块，每个模块占一定的比例。这样既保证学生形成比较系统完整的知识结构，又可以满足学生个性发展的需要。

（二）注重实践智慧的培养

高职培养的是生产、建设、服务、管理第一线的高素质技术技能人才，技术技能的获得对他们具有十分重要的意义，但是高职要培养出适应现代社会的高素质人才，仅仅满足于专业知识和专业技术的传授是不行的，树立正确的技术价值观、合理利用技术在当代社会日显重要。高职课程建设应顺应技术发展和社会进步的需要，重视学生技术伦理观的形成，重视品性德行的陶冶，重视实践智慧的养成，课程目标应从单纯的重技术技能的训练转向重实践智慧的培养，注重将技能训练与道德修养结合起来，引导学生树立正确的技术价值观，模范地执行社会

技术原则，用技术造福全人类，因此，要注重培养学生求同思维和求异思维的统一，综合思维与发散思维的统一，抽象思维与逻辑思维的统一等。课程改革也必须有利于大学生自学能力的提高，要努力培养学生的创造性品质。因为独立思考是创新人才的必备条件之一，要求从时间上保证（如缩减课时，留给学生足够的自学时间），而且从物质上也要提供保障，如图书馆、实训基地等设施的建设应足够学生使用。另外也要注重人格品质的塑造，学生不仅要学会做事，而且更要学会做人。

四、精品课程建设

精品课程是具有鲜明特色和一流教学水平的示范性课程，通过对它的学习和研究，可以探寻高职层次精品课程的共同特点和各院校建设过程中的有益经验，从而切实发挥精品课程的示范作用，推动精品课程建设的开展。

（一）精品课程的共同特点

1. 课程定位体现了职业性、技术的应用性和示范性

精品课程突出特点是理论与实践并重，强调"职业性"和"技术的应用性"，同时，它还是集一流教师队伍、一流教学内容、一流教学方法、一流教材、一流教学管理等特点于一身的课程，其示范性作用显而易见。

2. 课程设置与就业需求、行业及国际标准接轨

在精品课程的建设过程中，选择课程的设置方向时，主要遵循三条原则：一是与就业需求接轨，考虑社会的需求、就业市场的导向和学校与地方经济的同步发展；二是与行业标准接轨，为学习者提供与其未来可能从事的职业活动有关的知识与技能，为企业提供真正有用的人力资源；三是与国际高等职业教育发展方向接轨，借鉴国外先进职业教育经验，提高国家人力资源质量。

3. 课程内容注重实践教学环节

精品课程的理论与实践教学并重，大力加强实验、实习实训等实践性教学环节。注重鼓励学生主动参与、综合运用及开发创新，培养其动手能力，是精品课程的一个突出特点。

4. 课程考核采用进程式评价体系

高职院校许多精品课程改变了过去传统的以笔试为主的考核形式，采用了适应高职高专技能型或实用型人才培养目标的进程式考核评价体系。即以考核知识

的应用、技能和能力水平为主,平时的形成性考核与期末的总结性、鉴定性考核并重,并将社会职业资格证书考试和校内考试有机结合起来,把社会职业证书考试作为考核评价系统的重要组成部分,同时,采用有利于应用能力培养和检验的课程设计、课程实验等考核方式。

(二) 高职院校精品课程建设

高职院校精品课程的建设,主要应从以下四个方面努力:

1. 建设一支三结合的精品课程建设队伍

首先,精品课程的建设要有专家和教授的广泛参与。行业专家了解职业标准、职业发展和行业发展的最新动态;教授站在某一专业或领域的前沿,了解这一专业的最新科研成果。如果这两方面人员紧密结合,高职院校能在课程设置上听取他们的意见,则可以使课程发展具有一定的科学性和可操作性。其次,要有专门的课程设计人员。他们受过专门的课程设计理论和实践的学习和训练,具备一定制订课程目标和大纲的基本能力,他们与专家教授相结合,对专业课程设置进行系统思考,可使全部课程有序、完整、层次分明、目标明确。再次,要有"双师型"为主体的授课教师参与。授课教师可以提供一些课程的基本情况,不仅有助于课程设计符合第一线教学实际,而且还有助于对课程发展目标进行调整和规范。

2. 精品课程建设要与科研相结合

只有与科研相结合并建立在研究基础上的课程,才有可能成为精品课程。精品课程建设并不是组织一批教师简单地编写教材,精品课程建设本身就是一项重要的研究课题和任务。另外,科研不仅能将最先进的研究成果充实进课程内容,将先进的教育思想融入课程体系,而且也能够将科研过程中的严谨、求实、创新、存疑等科学精神带入课程教学。

3. 要重视师资队伍建设

师资队伍建设是精品课程建设的首要任务,精品课程建设的"精"在师资队伍建设上。在精品课程建设过程中,许多高职院校在师资队伍建设过程中总结出三个需要遵循的原则:一是课程主讲教师能力突出;二是师资队伍结构合理且整体素质过硬;三是教师具备从事教学改革和教学研究的能力和热情。此外,适当引入竞争机制,增强师资队伍发展进步的动力和压力,鼓励教师自觉从事教学研究和教学改革等,也是师资队伍建设的重要内容。

4. 重视教材建设和实践教学建设

教材建设是精品课程建设的重要组成部分,精品课程需要有相应的系列化优秀教材与之相配合。在精品课程建设中，许多院校以国家级优秀教材为首选，同时，利用自己的专业和教师优势，自行编写、开发能够体现高职教学特点的包括电子教材在内的主教材及与之配套的实习实训教材，可以促进精品课程的建设。

五、校本课程建设

校本课程开发是 20 世纪 70 年代在英、美等发达国家出现的一种课程开发策略，但在我国还是新鲜事物，处于实验的初级阶段，虽然取得了一些成果，但仍有许多问题需要解决。虽然关于高职教育领域开发校本课程的研究都刚刚起步，但在高职院校进行校本课程开发是职业教育发展的趋势。高职院校校本课程建设对策主要有以下四方面内容：

（一）实现高职课程管理机制多样化

课程改革是教育改革的核心，课程改革也必然会牵涉到管理问题。计划经济时期，我国课程管理机制主要是以中央集权为主，课程的计划和管理借助于国家权力执行，教材、考试大纲、考试范围和内容都由国家统一组织，体现的是国家本位的取向。在我们目前实行国家、地方、学校三级课程管理模式的情况下，这种单一的课程体制也应相应地进行转变，使地方和高职院校得到课程管理的权利，即地方分权管理和学校自主管理。这样才能实现课程管理体制的多样化和课程决策权的真正下放。高职院校校本课程开发是指在实施国家课程和地方课程的前提下，根据本地区经济的发展及企业对人才培养的需求，结合本校学生的个性发展进行科学的评估，充分利用可开发的多样性的可供选择的课程。当前国际上典型的课程开发模式主要有两种，国家课程采用"研究—开发—推广"的开发模式，即自上而下的模式；地方课程或校本课程采用"实践—评估—开发"的模式，即自下而上遍地生根的草根模式。在草根模式中，课程不仅由国家决定，地方和学校对课程也有较大的自主权，国家政策也给地方和学校留有较大的余地，使地方和学校具有较高的发展课程的积极性。

目前，在我国高职教育领域，如何根据院校专业人才培养需要及时更新教学内容，整合开发课程资源，积极推进校本课程的开发就显得尤为迫切。

（二）树立正确的职业教育理念

高职院校校本课程开发实质上就是为培养专业人才服务，为提高教育质量服务。校本课程开发的前提就是树立科学的教育理念，具体体现为科学的人才观、质量观和课程观。课程开发是以课程观为导向的,课程观又取决于质量观与人才观。这就要求课程开发者树立科学的教育质量观与人才观。职业教育不是升学教育,也不是单一工匠式的培养,而是要树立战略眼光,培养具有国际竞争意识与能力、综合素质全面提升的创新型人才。这才是职业教育质量的基点,而且也是校本课程开发的基点。过去由于传统习惯势力的影响,学校、教师和学生过分依赖和迷信统编的教材,绝大多数教师没有接触或接受课程论方面的培训和学习,加上校本课程开发这一工作在我国职业技术教育领域还处在探索研究阶段,因此,广大职教工作者对校本课程难免存在一些模糊的认识。这种思想上的偏差与校本课程的现实需求之间存在的强大反差和深刻矛盾给高职院校校本课程的开发带来观念制度层面上的阻力。因此,高职院校校本课程开发首先要树立以就业市场为导向的理念,根据经济建设发展对人才的需求,设置专业并进行校本课程开发;其次,校本课程开发要坚持以实践和探索为主的观念,即校本课程在内容和形式上以学生会探索、会操作、会应用,形成良好的知识技能结构为开发目的;最后,要彻底改变教师是单纯的"教书匠"的观念。另外,在校本课程的开发中,教师应成为研究型、知识型、技能型教育者。

(三)使教师成为校本课程开发的主体

教师是校本课程能否取得良好效果的一个关键因素,教师是否具有课程开发意识和具备课程开发的能力就显得尤其重要,而这正是我们在进行校本课程开发中的一个薄弱环节,因为许多教师还不具备这方面的基本知识和基本素质,因此,在职培训重心就要放在更新教育理念、加强课程改革意识提高课程开发能力上。高职院校校本课程建设要求教师具备更高的课程开发能力。课程编制者的职责是将决策者的基本想法落实到具体的课程内容中,一般由学科专家、教育教学专家组成。课程实施者的职责是将课程内容通过各种教学活动落实到学生学习结果的变化上,由教师承担。高职院校校本课程的开发最终源于学校的教学实践。其开发需要在教学实践中发现问题,采集资料,明确课程开发的顺序。教师无疑是学校教学工作的主要承担者,自然也是问题的主要发现者、资料的主要采集者和课程的主要实施者,因此,他们最适合对校本课程的设置进行研究开发和实施,教师不再是课程知识的接受者,参与校本课程开发是高职院校教师专业教学的一个重要组成部分。校本课程的实施是要使教师从"教书匠"的角色中解放出来,向多元的角色转化,分享课程决策权,成为课程的研究者、开发者、实施者。教师参与校本课程开发的基本条件是:第一,精通专业是实施课程开发的基础。第二,具备一定的课程论和教学论知识。教师要明白课程规划、课程实施和课程评价的内涵及操作规程方法；教师要了解教学系统各要素组成，尤其是教学原则、教学方法、教学组织与评价的具体运用要内化为教师的自觉行动并具有一定的反思能力，经常回顾和思考课程开发的得失成败，使校本课程日臻完善。因此，高职院校要引导教师有意识地学习一些课程论、教学论和心理学的理论知识，构筑有利于课程开发的知识结构。

（四）建立校企资源共享的互动机制

缺乏足够的可供利用的课程资源不仅一直是制约高职发展的"瓶颈"，而且也是影响校本课程开发成败的重要因素。推行校本课程开发首先就要打破这一"瓶颈"，拓宽视野，以学校和企业为基地，调动行业、企业参与校本课程开发的积极性，在充分挖掘、利用校内课程资源的基础上探索校企合作的模式，建立双方资源共享的互动机制。

校企合作的模式，各高职院校可以根据各自的实际，有如下几种模式可供选择：第一，坚持一般性参与的校企合作，主要表现为在校本课程开发活动中企业或行业参与接受高职院校学生实训，为其提供技术上的指导和资源上的保证；从优秀毕业生中选拔人才；为学校提供资金支持；经常与学校开展联谊活动等。第二，坚持协助性介入的校企合作，主要表现为在校本课程开发活动中企业介入高职院校的办学过程，从企业需要出发参与专业设置论证、教学计划开发、课程开发等环节，同时，提供学生实习训练条件。第三，坚持互动性的校企合作，主要表现为在校本课程开发过程中学校、企业、行业共同实施高职教育，把企业和行业纳入育人主体的部分，形成学校、企业、行业教育网络，真正做到学校、企业、行业的资源共享。

第五节　高职院校实践教学基地建设与管理

一、我国高职院校实践教学及管理概述

（一）我国高职院校实践教学现状

实践教学体系是实现高职教育人才培养目标的主体性教学体系，实践教学基地是培养高素质技术技能人才的基本支撑条件，因此，实践教学基地建设是高职

教育真正培养出适应经济社会发展需要的高素质技术技能人才的基础性研究课题。

我国高职实践教学的理论研究和实践探索总体上取得了较大的成绩，具体表现在以下八个方面：

第一，在实践教学理论研究和观念层面，实践教学作为高职教育的主体教学地位已经确立；实践教学是培养高职院校学生技术技能的最主要手段，这一点在观念上已为人们所广泛接受并在实践中加以落实；实践教学在促进学生全面素质提高方面的作用也逐渐为人们所认可；对实践教学本身的理论研究已经由宏观转向微观，已经超越是否重要和必要的阶段，正在向如何构建一个有中国特色的高职教育实践教学体系和如何进一步发挥和挖掘实践教学的功能和作用阶段转变。

第二，在实践教学实践探索层面，在借鉴国外职业技术教育实践教学体系构建的基础上，我国高职教育正积极探索建立有自己特点的实践教学体系，并取得了一些成绩：如深圳职业技术学院借鉴香港理工大学工业中心的运作模式，于1996年创办自己的工业中心，作为开展实践教学的主要场所并根据我国高职教育发展实际，对基地的功能赋予了新的内涵，形成了新的、有特色的功能定位；中山火炬职业技术学院于2008年以来建立生产性实训校区，专业对口，引企入校，主要为学生提供实习实训岗位，解决学生的实习问题，为教师下企业实践锻炼提供机会，鼓励教师"深海探珠"。

第三，在实践教学目标层面，我国高职实践教学十分注重培养学生的综合职业能力，同时，重视在实践教学中促进学生做人、做事、求知、创新等素质的全面提高。这一目标是在借鉴 CBE 模式的基础上，结合我国素质教育的有关要求而形成的。

第四，在实践教学模式与方法层面，我国高职实践教学立足地方经济发展实际，借鉴发达国家经验，形成几种综合性较强的教学模式。其中，比较有代表性的有"五段式实习实训"教学模式、"交互—探索"实习实训教学模式、模拟公司模式、项目导向模式等。在这些模式的指导下，我国高职教育已逐渐整合和开发出了一些行之有效的实践教学方法。

第五，在实践教学具体实现途径层面，我国高职教育主要采用实验、实训和实习等教学环节，借助集教与学、学与练、校内与校外、课内与课外为一体的实践教学基地，首先，通过实验室的实验对学生所需的理论知识进行验证和巩固，使他们获得感性认识，掌握数据处理等基本方法；其次，组织学生参加实训中心（工业中心）的仿真教学感悟和模拟训练，使学生初步掌握操作技能、专业技术，获得对职业岗位的初步认识；最后，组织学生到企业参加生产实习和顶岗实践，进一步提高他们的专业技术应用能力和职业综合能力,从而实现高职教育造就高素质技术技能人才的培养目标。这些教学环节在操作上具有很强的连贯性和渐进性,不仅符合学生接受知识、养成能力和相关素质的学习规律,而且也比较适合我国高职教育目前普遍采用的学年制或部分学分制的教学管理体制。

第六,在实践教学计划制订和实施方面,大部分高职院校都制订了与理论教学相辅相成,又相对独立的实践教学计划。在制订过程中,遵循循序渐进的原则,围绕职业综合能力培养这一中心,将实践教学体系划分为基本技能、专业技能、综合技能和技术应用能力等模块,在教学过程中作进阶式编排,形成了一些行之有效并有推广意义的做法,同时,各校在正确处理知识、能力和素质关系的基础上,能自觉地重视和提倡对学生全面素质的培养。

第七,在实践教学教材建设方面,我国高职实践教学教材已由最初的"极其匮乏"和"尚在借用本科或中专教材"阶段,发展到开发编撰了一批专门的实践教学教材,形成与主干课程配套的实训教材,专门为实训制订的教材,经管、人文类侧重实务操作的实训教材和软件操作实训教材等几种类型并由零散开发向建设系列化和高职教育特色鲜明的实践教学教材方向发展。

第八,在实践教学师资队伍建设方面,我国高职院校已清醒地认识到,建立一支适应高职教育需要的"双师型"教师队伍是办好高职教育(尤其是保证实践教学有效开展)的关键,并且在"双师型"教师队伍建设方面做了很多工作,通过在职培训、从企业引进等方式培养了一大批"双师型"教师,较好地保证了我国高职院校实践教学的正常开展。

(二)高职院校实践教学中存在的问题

当然,我国高职教育在实践教学方面还存在不少问题,如实践教学设施方面的投入严重不足,影响实践教学的正常开展;对实践教学的理解存在偏差,一些高职院校仅将实践教学视为培养学生技能的手段,忽略了实践教学在学生的知识、能力、素质培养方面的综合作用,从而影响实践教学功能和作用的发挥;实践教学内容还有待进一步改进、完善,尤其是在实践教学体系的构建过程中,社会、企业参与的程度不深,从而导致在实现途径上,与国外职业教育发达国家相比,行业、企业的主体作用发挥不够,教学计划和教学内容与社会实际需求存在一定程度的脱节,来自企业的兼职教师数量过少,不仅不利于实践教学做到"三个贴近"(贴近生产、贴近技术、贴近工艺),而且也不利于实践教学产学合作桥梁作用的发挥等一系列的弊端;尚未形成独立完整、科学权威的实践教学评估体系等。

二、校内外实践教学基地建设

在我国高职教育中，校内实践基地承担了实践教学的大部分任务，是学生在校期间实践能力和职业素质养成的主要场所。校外实践基地则是校内实践基地的必要的重要补充。

（一）校内实践教学基地建设

根据发达国家（地区）职业技术教育实践教学基地建设的经验，结合我国高职院校校内实践教学基地的具体情况，高职院校校内实践教学基地应该具备教学、培训、技术研发、技能鉴定和生产等功能，承担实践教学和学生职业素质训导、职业技能培训、技能鉴定和职业资格认证、技术研发和新技术推广应用、生产与社会服务等任务。我国高职院校校内实践教学基地建设必须符合以下要求：

第一，必须为学生提供真实的职业环境。校内实践教学基地在环境布置、设备配置、文化氛围、管理模式等方面与生产、建设、管理、服务第一线相一致，充分体现规范性、先进性和实效性，形成真实或仿真的职业环境，特别要注重，应同当地企业的职业环境相贴近。

第二，科学分类和合理布局。校内实践教学基地一般由许多的实训室或实训车间构成，实训室的主要方式有：第一种是根据技术的应用领域或技术群按技术大类来划分；第二种是根据专业的设置来划分，其优点是专业人员全方位参与实训室的规划与建设，可以确保实训室满足专业教学的需要；第三种是根据学科属性划分，在普通高校中多采用这种方式，但在高职实践教学基地中也有一些基础类实训室应按学科划分。实训室布局一般有四种模式：按工艺流程、按生产流程、按实务流程和按技术模块的布局。不同的布局依赖于不同的专业，要仔细安排。

第三，贴近生产、贴近技术、贴近工艺。所谓贴近生产是指实践教学要从生产实际出发，对学生进行真刀实枪的训练；贴近技术是指从技术教育出发，在实践教学中注重技术的应用、技术的先进程度、学生实际操作的熟练程度；贴近工艺则是从科学、合理、规范的要求出发，在实践教学中注重标准化意识与质量意识。这就要求实训室的建设要引进有关行业的标准，保证按生产工艺的标准对学生进行严格的训练。

第四，讲求实效、多方筹资。实践教学基地建设要讲经济效益，采取合理的措施提高建设效益。一是统筹规划，优化配置，防止重复建设；二是加大对全盘性、基础性、共享性比较明显的实训实验室的投入；三是实训实验室建设与专业建设、课程建设相匹配，在功能、设备购置等方面注意专业和技术发展的方向；四是通过与企业合作、争取社会资助与政府扶持；五是加强造血功能，注重开发和经营，创办与专业设置相联系的经济实体和服务机构；通过自身积累资金，改善办学条件。

（二）校外实践教学基地建设

高职院校校外实践教学基地的最大特点是利用学校与行业、企业在人才培养方面的各自优势，把以传授理论知识和基本技能为主的课堂、实验实训室的学校教育环境与直接获取实际经验、综合能力为主的生产现场环境有机结合于学生的培养过程之中。它突破了传统教育几乎完全在校内进行的单一人才培养模式，使专业与行业、教师与企业、学生与生产岗位之间建立起广泛的联系，由此解决高职教育教学中培养方案、培养模式与培养质量的诸多问题。

1. 校外实践教学基地的合作教育模式

高职院校校外实践教学基地实际上是实施不同内容与层面的校企合作教育的媒体或落脚点。其在如下方面为合作教育服务：一是为学生提供一个不同于校园环境的实践教学场地或环境；二是提供专业技能训练所需的现场设备、师资或其他条件；三是为学生提供就业前企业实际工作的全方位预演。它的内容是在一定的合作教育模式下完成的。目前，我国高职教育主要有如下几种合作教育模式：①学工交替合作模式。在这种模式中，学生的学习分学期或分阶段在学校和企业之间交替进行。②"项目化"合作教育模式。它是一种围绕具体的生产或产品开发项目开展教学活动的教学模式，一般有两种情况：一是学生在整个学习期间的学习都围绕项目进行，专业教学计划围绕项目制订，根据项目的需要开设课程与实践训练，并最后完成项目；二是学生在企业实习期间，围绕企业提供的具体项目进行。③"E（exoterica）&T（training）"合作模式。这是一种将文化知识、专业理论教学与专业技能和核心素质训练分成理论与实践两个系统进行教育的模式，其中"E"系统的教学由学校完全实施，"T"系统的训练由企业来完全实施。这种合作模式中，高职院校与企业分工明确，各自发挥长处，虽然有利于教学的组织与管理，但要防止理论教学与实践教学脱节的问题发生。④"订单式培养"模式。它是一种学校按照企业对人才质量与数量的要求与企业合作共同培养学生，学生毕业后直接输送到企业的教育模式。这种模式根据订单时间的长短，一般分为两种情况：一种是远期订单，另一种是中期订单。这种培养模式能为企业提供最需要、最适用的人才，企业避免了人才选择的盲目性，能以最小的投入获取最大的人才收益。

2. 校外实践教学基地的建设途径与管理模式

高职院校校外实践教学基地建设的方法与途径是多种多样的，但研究表明，下述理念对校外实践教学基地建设是十分重要的：第一，不拘一格寻找合作伙伴；第二，寻找联系校企双方合作的纽带；第三，寻找双方合作的切入点；第四，建立良好的运行机制。校外实践教学基地建立后要保证其正常运转，还必须根据参与合作教育企业的性质、规模及在合作教育中所承担的具体教育任务的不同，选择能充分发挥其教育功能的管理模式。实践中主要有以下几种管理模式：一是以企业为主的管理模式；二是以学校为主的管理模式；三是企业与学校相结合的管理模式。

第六节　高职院校教材建设与管理

一、教材建设的目标和原则

（一）高职院校教材建设的总体目标

高职院校教材建设的总体目标是：遵循教育部颁布的《职业院校教材管理办法》，按照"编""选"并重的原则，在优先选用国家规划教材与通用教材的基础上，根据学校专业建设与课程建设规划，有计划地组织学校教师和企业（行业）专家，编写具有高职特色的自编教材、讲义、实践教学指导书和教学参考资料等。高职院校应通过自身教材建设逐步建立起适应经济社会发展和职业岗位需要的，一本多纲、优化配套的教材体系，保证使用的教材特色鲜明，能够反映先进技术发展水平并满足学校教育教学和专业人才培养的需要。

（二）教材建设应遵循的原则

1. 突出应用性的原则

高职院校的教材建设要紧密结合专业人才培养目标，从内容选材、教学方法、学习方法、实验、实习和实训配套等方面突出高职教育的应用性特点，重视应用能力的培养，增加并充实实验与实践内容。合理设计安排职业岗位所需知识和能力比例和结构，注意引入新的教学手段，引导学生积极实践，勤于动手，做到理论与实践相结合，以培养其在实践中学习知识和技术应用能力。

2. 内容先进性原则

由于科学技术的迅猛发展，社会职业岗位技术含量不断增加，因此，需要高职教材建设紧跟科技发展的步伐。为此，教材建设需要强调知识更新，教材内容要追踪时代新技术的发展，将新工艺新方法、新规范新标准纳入教材，使学生通过教材的学习能掌握生产、建设、管理、服务第一线的先进技术。

3. "编""选"并重的原则

一方面，高职院校要积极参加上级教育主管部门组织的教材编写工作，同时，根据本校专业建设和课程建设的需要，大力加强专业特色教材和校本教材建设；另一方面，要建立教材评价制度和教材选用管理制度，努力开展对新出版的高水平教材的宣传评价工作，保证高质量教材进入课堂，对省部级以上规划教材与重点教材要优选优用，提高优质教材的使用效益。

4. 协调配套原则

高职教材建设要在全面开发文字教材、声像视听教材、实物教材与电子网络教材的基础上，使同一专业的基础课、专业基础课、专业主干课教材协调配合；使同一门课程的主教材、辅助教材、教学参考书教材系列也要协调配套。另外，还要注意利用各种教材的特点与长处，使教材之间相互补充并有机结合，发挥系列教材、组合教材的整体优势，实现教材资源的合理配置。

5. 倡导开发活页式、工作手册式新形态教材

符合技术技能人才成长规律和学生认知特点，对接国际先进职业教育理念，适应人才培养模式创新和优化课程体系的需要，专业课程教材突出理论和实践相统一，强调实践性。适应项目学习、案例学习、模块化学习等不同学习方式要求，注重以真实生产项目、典型工作任务、案例等为载体组织教学单元。

二、教材建设的组织

高职教材的建设应制订全面的教材建设规划，明确教材建设的目标，因此，高职院校应从自身情况出发，需做好以下五方面组织工作。

（一）做好教材建设规划

高职院校要更新观念，立足改革，制订教材建设规划。教材建设规划要以专业建设与课程建设为依据，正确把握教学内容和课程体系的改革方向，反映教学改革的成果。另外，教材建设规划要重点抓好公共基础课、专业基础课和专业主干课的教材建设，解决教学急需填补学科空白的新教材，实现教材系列配套，以

适应多样化的教学需要。

（二）成立编写队伍

编写队伍建设是提高教材质量的关键。高职院校要采取有力措施建立一支高水平的教材编写队伍，这支队伍应以校内老、中、青教师和校外行业专家、工程技术人员为主，而且还要充分发挥校内教材编写人员的积极性，鼓励、支持他们深入生产、建设、管理、服务一线调查研究，与企业、行业等一线专家、技术人员密切合作，编写出具有高职特色的高质量教材。

（三）建立教材选用与评价标准

高职教材有其明显的行业特征和时代性、应用性及先进性，因此，高职院校需要根据国家对高职教材建设的有关政策规范，制定教材选用备案制度，主动邀请相关行业的专家学者，参考国外成功做法与经验，制订教材选用与评价标准作为教材选用及审定的依据。

（四）以教学改革促进教材建设

高职院校教学改革是教材建设的基础，教材编写工作要与学校人才培养模式和教学内容体系改革相结合，按照教育部制定的有关课程教学基本要求和专业教学标准等规范性文件编写教材，同时，要注意编写适用于不同地区、不同学校、各具特色的系列教材。

（五）建立奖励机制

高职院校应建立相关奖励制度，鼓励广大任课教师编写讲义、研究讲义、完善讲义并逐步修改、完善，出版教材。鼓励广大任课教师不断吸收新技术、新信息，博采众长，融合提炼，创造有特色的多种活页式工作手册式教材。对于在教材建设中做出杰出贡献的教师，高职院校应给予相应的表彰奖励。

三、教材体系与特色建设

教材体系与特色建设是高职教材建设的重要内容。

（一）教材体系建设

教材体系建设的主要任务是构建具有高职特色的门类齐全、一本多纲、优化配套的理论教材和实践教材体系，使两个体系的教材既相互独立、自成体系，又相互联系、相互补充。

在教材体系的总体框架下,应逐步构建并完善体系以下四个建设内容。

1. 教材必备化

在两大教材体系内,根据学校专业与课程设置,每门课程都必须配备符合人才培养目标和课程教学大纲的教材。

2. 系列配套化

同一专业基础课、专业课、专业主干课相互配套,同一门课的主教材、辅助教材、教学参考书等相互配套。

3. 类型多样化

在教材类型上,实现文字教材、声像视听教材、实物教材与电子网络教材的多样化。

4. 一纲多本化

根据职业岗位的不同要求,同一专业或同一门课程的教材应设置多种不同版本的教材。

(二) 教材特色建设

高职教材的特色建设要注重以下五点:

1. 专业针对性强

高职教材必须符合各专业的培养目标、人才规格(包括知识结构和能力结构)和教学大纲的基本要求。技术基础课和专业课教材的编写,要独具匠心,有别于其他教育教材,充分展现专业针对性强、应用技术性突出的鲜明特点。

2. 符合行业技术发展水平

由于我国还处于社会主义初级阶段,生产力总体水平、行业技术与工艺水平还比较低,因此,高职教材要适应行业、企业科研成果转化和工艺水平提高对高职人才的要求,应适当取材,为学生提供符合行业技术发展水平的知识和技术。

3. 以技术应用能力培养为主

高职教材要围绕技术应用能力这条主线来设计学生的知识、能力、素质结构,突出技术应用能力培养。教材应根据高职培养目标要求来构建新的理论教学体系和实践教学体系及学生所应具备的相关能力培养体系。突出职业能力训练模块建设,加强学生的技术应用能力与综合实践能力的培养。

4. 基础理论适度

在满足本专业知识的连贯性与专业课需要的前提下,教材要精简理论推导并删除过时内容。基础理论的内容，应以必需、够用为度，以讲清概念、强化应用为重点，对学生向专业高层次发展重要的应用性理论，可作适当补充，以帮助学生提高可持续发展的能力。

5. 跟踪科学技术发展趋势

在教材建设上，高职院校要研究国内外同类教材，汲取营养，坚持创新与汲取相结合的原则并根据本专业实际需要增加相关科学技术的新进展、新方法、新技术、新工艺内容，使高职教材适应科技发展的新要求。

四、教材建设管理

（一）成立教材建设管理机构

各高职院校应成立教材建设管理委员会，专门负责学校教材建设与管理工作。根据工作需要，教材管理委员会可设置以下建设小组：教材编制小组、教材审查小组、教材典藏小组、教学媒体制作小组等，然后分别开展教材标准、教材内容体系结构、教材特色等方面的研究和专项建设工作。

（二）加强教材选用管理

高职院校要制定教材的选用制度，严格规定教材编写、采购、选用程序，对拟选用的教材要按照选用的程序严格把关并认真审查。在选用教材时，要注意选用内容新、结构新、形式新的教材，优先选用国家推荐的规划教材、精品教材，确保教材的先进性和适用性。

（三）适时组织教材修订

高职院校教材管理部门要及时收集和整理教材编写、出版和使用信息，建立教材出版、使用信息库和教材样书库，对于已使用的本校编写的高职教材，要进行质量跟踪调查，了解教材使用情况和教材质量，根据高职改革和发展的客观要求及使用反馈的意见，适时组织编写人员进行必要的修订；对于校外编写的教材，要把获得的信息及时反馈给编写者或出版部门，为其修订提供信息。

（四）提高教材管理队伍素质

若要提高教材建设管理工作质量，高职院校需要建立一支高水平的教材管理队伍。教材管理人员应加强学习，充分了解本校各专业的培养目标、教学计划、课程设置和主干课程的教学大纲等有关教材的知识和信息，熟悉教材编审、评价各个工作环节，加强教材建设工作研究，提高业务工作水平，努力做好教材建设管理工作。

第七节　高职院校教学质量建设与管理

一、高职院校教学质量管理必要性

教学管理工作在促进院校的改革与发展、提高教学质量和办学水平中，起着至关重要的作用。教学管理是一项十分复杂的工作，从教学计划的制订、调整和教学大纲到教学运行的组织，从开发教育资源、推进教学建设到教学质量监控和学籍管理，从加强师资队伍建设、充分发挥教师的潜力到提供良好的教学环境、保持正常的教学秩序，都在教学管理工作的范围之内。随着高职教育的发展和教改的不断深化，积极研究教学管理的新内容、新方法，把教学管理工作提高到一个新的水平，是高职院校一项很急迫的任务，教学质量是教学管理的生命线。

高职院校加强教育教学质量监控，切实提高人才培养质量，既是我国人才培养工作和各项事业发展的需要，也是高职教育健康持续发展的必然要求；既是应对我国高职教育发展环境及发展需求的必然举措，也是我国经济社会发展和时代赋予的重要使命。

高职院校必须加强教育教学质量管理，建立和完善教育教学质量监控机制；建立与运行质量体系，推行现代质量管理，加强对影响教育教学质量诸因素的过程监控；整合资源，建立质量保障机构，改进教育教学质量监控体制；狠抓源头，提高教师教学监控能力，强化教学实施过程的质量控制。

二、高职教育质量管理方法

（一）推行现代质量管理

实践证明，建立与运行教育质量管理体系是高职院校加强教育教学质量监控、实现科学规范管理、全面提高人才培养质量的一条行之有效的重要途径。

1. ISO 9000 质量管理体系标准

ISO 9000 质量管理体系标准，是由 ISO（国际标准化组织）质量管理与质量保证技术委员会制定的所有国际标准。该标准最先应用于企业产品的质量控制，后来转化运用到教育领域的质量控制。ISO 9000 标准的精髓是通过建立文件化的质量管理体系来控制所有过程,使影响质量的全部因素在产品形成的全过程始终处于受控状态。实施 ISO 9000 质量管理体系标准的过程,实际上就是落实其"全过程管理、全方位实施、全员参加"的基本思想。

2. 高职院校教育质量管理体系的基本原则和要素

高职教育的目的是为国家和地方培养适应生产、建设、管理和服务第一线需要的高素质技术技能人才,因此,这就决定了高职院校教育质量管理体系在其基本要素、结构及质量目标和标准等方面,除应具有一般质量管理体系的基本特征外,还应具有自身的特征,因此,高职院校在建立与实施教育质量管理体系时一般应遵循四项基本原则:一是以能力为本位。以能力为本位是职业教育的基本特征,这就要求高职院校必须以满足职业能力需要为质量目标,以职业岗位要求为质量标准,围绕职业能力培养这一中心建立与实施教育质量管理体系。二是以就业创业为导向。质量管理强调以顾客为关注焦点,要求高职院校在建立与实施教育质量管理体系时必须体现"根据市场的需求和学生的就业创业要求,设置专业与课程,进行招生、教育教学设计和实施,提供就业创业指导和服务"的基本要求。三是以过程控制为重点。质量管理的核心在于加强过程控制,要求高职院校在建立实施教育质量管理体系时,应能有利于实现对影响教育教学质量的各个环节和因素进行实实在在的控制,既要能从生源招收、师资引进和资源配置方面进行控制,又要能从教学计划、课程设计、教学实施、教学检查与评估、毕业生跟踪与反馈等方面进行控制。四是内外部监控相结合。建立内外部监控机制是高职院校教育质量体系能否连续、有效运行的重要保障措施,内部监控可以促进自我完善,外部监控能得到校外真实的信息反馈和恰当的评价,更能体现高职院校"以服务为宗旨"的指导思想,有利于提高高职院校的知名度、美誉度和竞争力。

3. 高职院校教育质量管理体系的改进

持续改进是质量管理的灵魂,是高职院校确保教育质量管理体系连续、有效运行的关键。高职院校在建立与实施教育质量管理体系之后,必须要能根据变化了的新形势、新情况、新要求,通过多种形式和途径,与时俱进地采取持续改进措施。高职院校教育质量管理体系的持续改进应以顾客为关注焦点,应贯穿于人才培养工作和质量管理工作的全过程。要保持持续改进,一是要调查、识别并理解学生、用人单位和社会的需求与期望并依此控制各项具体的发展目标,将外部需求转化为内在要求;二是畅通信息传输渠道,制定相应的奖惩制度,建立纠正与预防机制;三是认真开展内外部审核和管理评审工作;四是加强质量管理队伍建设;五是加强文件与资料控制,及时修订并完善体系文件,确保其适宜性。只有保持教育质量管理体系的持续改进,高职院校才能充分发挥其应有的作用,实现对教育教学质量的有效监控。

(二) 加强高职教学质量监控

质量监控的目标载体和运行机制是建立强有力的组织体系。建立与实施教育质量管理体系后,高职院校就从制度上实现了对教育教学质量的过程监控,但仅有制度是不够的,还必须建立质量保障机构充实人员并赋予其相应的职权,以便有效实施质量监控。一些高职院校的教育质量管理体系未能取得实效的原因之一,就在于缺乏相应的职能部门和一定的人力资源。有些高职院校虽然建有质量管理办公室,但是挂靠于某个中层部门,且人员是兼职的,职责也仅限于质量体系的维护。因此,高职院校应加大管理体制改革力度,整合现有资源,设立教学质量保障(监控)处并配备专兼职相结合的质量管理与监控队伍。高职院校应提供组织和人员保障并改进与完善质量监控体制,以加强教育教学质量监控。

1. 完善质量管理机制

高职教学质量管理需要有专门机构推动与落实,质量体系需要有职能部门负责建设、管理与改进,以便有效实施质量管理。教学质量保障(监控)处通过策划和实施质量管理活动,来监督和审核质量体系在各部门是否得到了贯彻落实。通过宣传质量管理理念,强化全员质量意识,营造质量文化氛围,贯彻落实质量管理措施,解决目前质量管理中"两张皮"等问题,实现长效管理。

2. 强化教学督导制

教学督导是高职院校为主动适应教学改革与发展需要而对教学工作实施监督与指导的一项制度,一般是由主管教学的领导和督导人员以专家身份,协助教务处对全校教学及其管理工作进行监督检查、评估和指导。目前,大多数高职院校的教学督导组挂靠于教务处,是一种专家咨询性组织,是教学管理系统中的一个非行政权监督机构。教学督导员通常是兼职或退休人员,主要发挥参谋和桥梁作用。为更好地发挥教学督导的作用,切实加强教育教学质量监控,高职院校应在教学质量保障(监控)处内设立教学督导室,使其成为一个独立于教务处之外的、具有一定权威和行政职能的常设机构,同时,配备专兼职相结合的教学督导员队伍。这方面可以通过检查、监督教师的教学准备与教学实施过程来收集、分析、反馈教学信息,考核教师教学水平并指导教师改进教学方法,从教学活动的具体环节进行质量监控;另外,还可以改变传统的"只督教不督管"的状况,也可对教务处的整个教学工作进行专家监督,既检查、监督其履行教学管理职能,也可配合其开展各项活动,保持教学过程的正常运转。教学督导实践表明,建立运转灵活的教学督导运行机制并理顺各方面关系是教学督导工作更加快捷、高效的前提。只有使教学督导运行机制运转灵活，学生、教师、管理者三方形成良性互动，高职院校才能有效地提高教学质量。因此，高职院校通过创新教学督导运行机制，将在加强教育教学质量监控方面取得更大实效。

3. 加强教育教学评估

建立健全内部教育教学评估体系，充分发挥其特有的鉴定、诊断、反馈、监控、导向、激励等多种功能，定期对教育教学工作进行评估，是高职院校不断提高教育教学质量、竞争力的基本方法和重要手段。高职院校应将评估办公室作为行使评估行政管理职能的常设机构，将其设置在教育质量保障处内并建立一套独立的工作机制。高职院校可以通过评估办公室定期开展教师教学质量评估、系部教学管理水平评估、学生学习状态与效果评估、各种专项评估（如专业评估、课程评估、实验室评估等）和全校人才培养工作水平的自我评估并有效地利用评估结果建立起有利于促进教师教学质量、教学管理质量和学生学习质量提高的激励机制、约束机制和竞争机制。通过评估，高职院校既向教师教学要质量，也向教学管理要质量，向学生学习要质量，向一切教育教学要素要质量。

（三）强化教师教学监控能力

教学质量是在教与学的互动过程中实现的，教师的教学态度和行为、学生的学习态度和行为及双方在教学过程中的交流方式与效果，将产生出特定的教学质量。教师在具备一定的学科知识和教学水平以后，教学监控能力就成为影响教师教学效果的关键性因素，因此，加强课堂教学质量监控是教育教学质量监控的关键环节，而教师是教育教学质量监控体系中的关键因素，同时，又是监控体系评价过程中的主要方面——被评价者。只有突出考虑教师的作用，充分发挥他们在监控体系中的主导地位，使之增强质量意识，主动投入教学研究，提供信息和积极合作，才能获得质量监控的最佳效果。高职院校应注重培养每位教师的教学监控能力。

1. 教师教学监控能力的概念

教师教学监控能力是指教师为了保证达到预期目的而在教学全过程中，不断地对教学活动进行计划、检查、评价、反馈、控制和调节的能力，主要可分为三个方面：教师对教学活动进行预先计划和安排；教师对自己的实际教学活动进行监察、评价和反馈；教师对自己的教学活动进行调节、校正和有意识的自我控制。课堂教学监控在整个教学活动中的地位和作用是极其重要的。只有具备一定的教学监控能力，教师才能根据教学大纲和教学目标的要求，制订合理、科学的教学计划，选择适宜而有效的教学方法并能在教学过程中不断地进行自我反馈，然后及时发现问题，做出相应的修正，从而减少教学活动的盲目性和错误，提高教学活动的效率和效果。在实际教学过程中，教师要能不断地对教学活动系统中的各有关因素进行积极、主动、科学合理的调节和控制，使其协调一致地推动教学活动向前发展，以获得最佳的教学效果，达到促进学生全面发展的目的。

2. 教师教学监控能力的影响因素

教师教学监控能力的影响因素主要有：计划性与准备性；课堂教学的组织与管理；教材呈现的水平与意识；沟通性；对学生进步的敏感性；对教学效果的反省与评价；职业发展性。教师必须要能针对这些影响因素，训练和提高自身的教学监控能力；要善于计划、评价、调节自身的教学过程，灵活地运用各种策略，以完成预定的教学目标和质量目标。

总之，引入 ISO 9000 质量管理标准并建立与运行质量管理体系，可以使高职院校原有的管理体系与现代质量管理的理念相结合，从而整合成严谨的质量保证与监控体系，提高管理水平、质量与效益；可以理顺各部门之间的接口关系，使管理工作科学化、规范化和合理化。通过设立教学质量保障（监控）处，可以使质量保障活动成为经常性的工作；可以将一系列分散的要素通过信息、评估、监督、控制和激励等监控措施聚合起来，形成监控的整体。提高教师的教学监控能力，可以转变教师的教育观和质量观，提高全员质量监控的素质。在国家大力发展职业教育的良好机遇期面前，高职院校只有用新的思路、新的举措来加强教育教学质量监控，才能不断提高人才培养质量，以求得人才培养工作水平和事业发展的新突破。

第五章　高职院校教学管理方法

第一节　过程管理法

过程管理法（Process Management），是通过不断优化操作过程、提高效率等手段，达到解决目标问题的方法。这种方法的主要工作过程必须与预先设计的目标和任务一致。在高职院校中，每个部门就是一个相对独立的系统，有各自的职能和责任，但其中有些职能和责任是重合的、跨部门的（如招生的过程、教学计划实施的过程、教学辅助过程、考试过程等），需要进行跨部门合作。

一、传统教学过程管理的划分

传统高职教育教学管理过程划分为以下六个阶段：

第一阶段：招生过程的质量管理，把好招生质量关，搞好招生宣传、录取、新生全面复审等工作。

第二阶段：教学计划实施过程管理，主要是教学计划的制订和分步实施。

第三阶段：教学过程的质量管理，主要是把好教学过程各环节的质量关。

第四阶段：教学辅助过程管理，主要是提供充足的图书资料，提高计算机辅助教学、电化教育、仪器设备、体育场馆、多功能教室水平和教学管理人员的服务质量。

第五阶段：实行科学化考试管理，主要是建立科学的考试工作程序和制度，严格规范考试过程管理，进行必要的试卷分析，做好考试和授课工作总结。

第六阶段：实行毕业生质量跟踪调查制度。

上述划分实际上是典型的产品质量观的反映，其基本前提是视学生为高职院校的"产品"，并将学校的招生、培养、就业服务与企业材料的采购、生产、销售进行类比，划分方法带有明显的产品质量管理观痕迹。

二、教学过程管理原则

（一）遵循规律原则

教学过程管理中各项活动有机结合并有序运动及管理周期的连续运转和螺旋上升，是教学过程管理的规律。它具有客观性、必然性和重复性。实践证明，遵循这一规律，能稳定正常教学秩序，提高管理效率，否则，就没有反馈回路。要形成整合一致的过程目标，使大家"心往一处想，劲往一处使"，力求管理系统能够具有高效率，遵循整分合原则与相关性原则。分工是管理的关键，只有在分工的基础上才能合作。

（二）层次管理原则

层次管理就是指一个系统中上下级之间，要按一定的层次，实行分级负责，做到一级抓一级。它是现代管理科学中的重要原则。层次性是系统论的一个重要概念，任何复杂系统都有一定的层次结构。教学过程管理也有层次性，教学活动必须由学校、教务处、二级学院（系、部）、教研室、教学班来层层推进，分清层次，各司其职，效率就高。教务处不可能事无巨细，事必躬亲，我们反对"一竿子插到底"的工作方法，那是小生产者的方法和观念，包揽过多势必造成疏于职守。一位优秀的管理者必须是恪守其职责的人，让上级、同级、下级的责任和权力明确。

教务处的任务是向各二级学院（系、部）、教学班发出管理信息并检查执行情况，解决各二级学院（系、部）之间的不协调问题，指导、帮助他们处理偶发事件维持正常教学秩序。二级学院（系、部）的任务是独立负责地完成好目标任务，全权处理职责范围的事，负责同级之间的横向联系，处理好偶发事件。

按层次管理的原则，上一层次只管下层次，下一层次只对其上一层次负责，不能越级。凡职权范围的事，应当独立负责地处理，不允许推诿。凡下级职权范围的事，上级要敢于放手，鼓励下级大胆负责，上级只管下级干什么，至于怎么干，是下级发挥聪明才智的天地，千万不要干预，不能捆住他们的手脚。一起干，是一种工作方法；以监督者身份在旁看着大家干，也是一种工作方法。"领导必须干领导的事"。遵循层次管理原则，若管得过多，则难以调动下级积极性；若管理过少，则容易失控，失去管理的价值。因此，就应该实现教学管理的科学化，建立以院领导为首的教学指挥中心，建立相应的教学指挥系统和信息反馈系统；建立一个职能明确，管理有效的教学管理系统；引入计算机管理系统，改进管理方法和手段；提高教学管理人员水平，改善管理人员的知识结构。

（三）控制职能原则

控制职能是指管理人员为了保证实际工作与计划一致，从而有效实现目标采取的管理活动。控制要有目标作导向，目标决定控制的内容，而控制工作是为实现目标服务的。控制要有计划做标准、要有组织做保证。组织层次划分科学，工作规范合理，控制效果就好。控制要以信息为基础，以准确、及时和足量的信息为基础。控制具有系统性、客观性、适时性和灵活性。首先，制定控制标准；其次，收集信息，信息分"外部信息"和"内部信息"两部分，收集渠道和方法很多；最后，绩效评价，其是检测管理活动科学化程度的重要手段。绩效评价有激励先进、鞭策后进的作用，有目标调节、问题诊断、经验交流的作用。绩效评价遵循全面系统的原则、目标达成原则、效益性原则。

教学过程管理的类型有：预先控制也称全馈控制，在活动前确定目标、制定制度、提出要求、宣布纪律，保证活动的顺利开展，防止人、财、物、时的浪费，如顶岗实习前的动员和管理办法。现场控制也称过程控制或随机控制，通过现场观察、检查对正在进行的操作活动进行控制，如体艺教学现场。成果控制，也称反馈控制或事后控制，运用前一轮管理活动成果来调整下一轮管理活动。

教学过程管理的控制方法有：①整分合法也称统分法。整，即整体、统一；分，即分解、分权；合，即综合、集中。各在其位、各司其职、各行其责、奖勤罚懒。"育人任务，人人有责"，任务分解，目标统一。②负反馈调节法。"反馈"是一种控制现象，是控制系统中心将指令运行的结果再输入到该系统中，作为一种新的信号返回传入，控制中心进行进一步调节的方法。建立教学汇报制度、检查制度，各二级学院（系、部）教学秘书负责反馈工作。③共轭控制法。共轭控制法是一种通过工具扩大人的控制能力，使之对不能直接控制的对象和过程变成可控制的方法，其特点是通过工具间接控制对象。如曹冲称象就是一种典型的共轭控制方法。越大的高职院校越要实施间接控制，通过规章制度、信息传递来控制教学。④"黑箱"方法。"黑箱"也称暗盒，指人们有时不能了解某一系统的结构和机理，只能依据对其外部观测和实验的结果来认识它的功能和特性。如学生学业成绩差，通过观测、实验、信息输入输出研究，了解其功能和特性，采取措施，控制不及格现象。⑤"例外"管理法。相对"例内"而言，"例外"管理法是管理规范中未被纳入的偶发事件。要重视常规工作，同时，其关注非常规的偶发管理活动，有创新和开拓精神，能够顺利实现管理目标。

三、教学过程管理方法

（一）建立教学规章制度

教学规章制度是为了实现教育目标而要求其成员遵守的规章、章程和法规，以及按一定程序办事的各项规定。管理者要广泛调研，大量收集信息，制定具有规范性、强制性的办法，制约人们按一定要求去行动。教学规章制度的建立有利于建立正常教学秩序，加强法治、克服人治，实行依法治校，以法治教。校风是管理者工作作风、教师教风、学生学风有机统一。校风要由"他规"向"自律"发展。教学规章制度的建立有利于协调各方关系，规范人们的行为，提高管理效能。教学规章制度的制定要遵循目的性、政策性、科学性、民主性、教育性、严肃性、稳定性、规范性和可行性。规章制度主要分来自校外和内部的，即上级主管部门的规章制度和校内自行制定的规章制度。

高职院校规章制度至少应包括以下几项内容：①岗位责任制。岗位责任制是对教学工作实行定员、定额、定质、定量和定时间的制度，包括岗位的职责，为完成专责的工作与方法，要求有标准，人人有岗位，事事有负责。②管理工作制度。管理工作制度是管理过程中重要环节的规范要求，对教学活动的正常开展起着重要的保证和控制作用，如《关于教师教学工作的若干规定》等。③考核奖惩制度。考核奖惩制度是对考核结果给予肯定或否定的评价制度，是岗位负责者必须承担的履行职责后果的制度，是对考评加以强化的措施。论功行赏，论过施罚，是奖惩制度的一条基本原则。没有奖惩就没有责任制；有了奖惩，才能体现管理法规的严肃性和有效性。奖励以精神鼓励为主，物质奖励为辅；惩罚慎用、少用，目的是惩前毖后。责任制、考核制和奖惩制三者紧密结合，缺一不可。如《关于严格教师教学纪律的规定》，对教师因事、因病、无故缺席都有相应惩罚措施；《关于教师教学激励机制的规定》，对师德标兵，讲课大奖赛优胜者，优秀实习带队教师有明确的奖励办法。常言道："使人畏之，不若使人服之；使人服之，不若使人信之；使人信之，不若使人乐从之。"利用现代传媒手段，把规章制度挂上校园网络，让师生随时查询，务求达到"乐从之"的理想境界，严于律己，率先垂范。古人云："上有好之，下尤甚焉"，榜样的力量是无穷的，领导带头，教师示范，是贯彻执行的关键。反复训练，培养习惯。制度建设的理想状态是使人们形成习惯，"乐从之"——如果能够形成习惯，那么人们自然而然地会按规章制度要求去做。

(二) 建立教学例会制度

会议是根据上级指示和高职院校日常工作需要和主持者的意图，按照一定的议程和规则，集中决策工作的管理形式。为发挥会议的效率，高职院校应对会议的类型和规则做出必要的规定，即会议制度。为提高管理的实效，高职院校应提高会议效率，必要召开的会议，应有明确的目的，能够集中解决必须经过一定会议才能解决的议题，在发扬民主的同时形成决定，避免形式主义和议而不决的弊端出现。

1. 教学工作例会

每月一次，由主管教学的副校长主持，教务处处长主讲。学期初，通报全学期教学工作的总体目标设想，部署各项重要工作。学期中，交流教学情况，中期考试情况，专题研讨教学问题，如教学计划的修订、教学成果的评定、教学研讨等。学期末，部署期末考务工作和下期工作安排。

2. 教学秘书（干事）工作例会

每周一次，最好在星期一下午举行，各二级学院（系、部）教学秘书参加，交流教学情况，及时解决教学问题并部署近期教学工作。在工作例会上，教学秘书可以收集大量教学信息，为决策提供依据，使许多工作可以协调解决。

3. 教务处工作例会

每周一次，最好在星期一上午举行，各岗位成员根据岗位职责、近期工作，交流进展情况，互通情报，处长安排本周重要工作，强调关键环节，协调分工与合作，体现集体的战斗力，突出中心工作和非常规工作。

（三）建立各类报表制度

报表是各项管理工作的图表化，形象直观，简单明了，规范性强，便于统计、归档、备案。报表制是管理办法的又一种表现形式。常用报表有以下几种：①教师教学周报表。教师将每周的教学情况填写进周报表，每周填一张并交上课所在二级学院（系、部）教学秘书，便于统计教学情况。教师教学周报表的内容包括上课时间、节次、课程名称、上课班级、学生出勤情况、教师出勤情况。②教师调课申请表。为维护正常教学运行程序，教师调课必须申报、批准。调课人填写调课原因，二级学院（系、部）领导填写处理意见，是改上自习或补课、停上还是对调等办法。教师调课申请表表一式两份，一份交教务处，一份交上课所在二级学院（系、部），确保教学秩序的稳定。③教学日志。各二级学院（系、部）教学秘书每天填写一份关于全体教师、学生、班级的教学总体情况。教学日志的内容包括应上课班、实上课班、调课班、学生、教师出勤情况。教务处定期抽样检查，可以了解教学动态。④教学运行统计表。各二级学院（系、部）教学秘书每周填报一份教学运行报表。教学运行统计表以全体教师为线索，内容包括上课班级、课程名称、周学时、应上课时数、实上课时数、教师因病、因事、因公调课情况，学生出勤和教学事故。

（四）建立各类检查制度

检查是计划执行的一种保证措施、目标监督的中继环节。其既是对工作人员的监督和考核，又是对领导者管理水平的测定。检查是计划执行的必然发展，也是总结阶段的前提和依据。检查从内容分，有全面和专题检查；从方法分，有口头、书面和现场检查；从检查者身份分，有领导检查、相互检查和自我检查。常用的检查方法有：①常规检查。是指教学管理人员深入教学第一线，开展日常事务性检查，直接参与教学活动，属于最基本的方式，可获得真实可靠的资料，具有分散及时、灵活的特点。如新学期第一天检查，重大节日假期后第一天上课检查，新生上课第一天检查，每周上课第一天检查等。②抽样检查。教学管理者事必躬亲，既不可能，也无必要。可以采取抽样的方式，了解其计划执行情况、措施情况、发现问题、总结新经验，具有较大参考价值。重点抽查教师教学工作计划、教案、作业批改、教学日志等。③专题检查。对某个时期的中心工作突击、重点检查，以期整改和促进工作。如现代教育技术推广情况，重点项目建设情况，任选课开设情况。④期中检查。这是阶段性定期检查，是一次较为全面的教育教学、管理工作的检查，一般由各系自行组织自查和互查，检查教师常规工作，相互听课，召开师生座谈会，收集教学信息，提出合理化建议。期中检查要客观、全面，既要重视教学成果，更要重视教学过程。

第二节　项目管理法

项目管理法（Project Management）是指通过建立能够有效地计划、组织、实施和控制所有资源和活动的系统，进而成功地完成某种任务的方法。实施这种方法需要组成专门的项目小组。项目小组的一切活动都应该与项目的具体操作目标和最高目标紧密联系在一起。教学工作项目管理法主要包括优秀教师队伍建设、教学改革研究（专业建设、课程开发建设）、教学工作检查、教学质量评估等项目。

一、优秀教师队伍建设项目

教师队伍的层次与结构是决定教学质量的关键因素之一。拟定切合高职院校实际情况和发展方向的项目是教师队伍建设的重中之重。

(一) 优秀高层人才引进

为加快高职专业建设和师资队伍建设,提高学校办学水平和教育教学质量,加大引进优秀高层人才工作的力度,根据具体实际,各高职院校应制订出切实可行的办法。优秀高层次人才的引进条件可根据具体情况具体分析,但一般应坚持:①必须具有良好的政治思想素质,业务能力强,身心健康;②专业带头人、高技能人才、教授、博士一般不超过 50 岁,其他专业的急需人才一般不超过 45 岁。

人才引进后的优惠待遇是被引进对象比较关注的问题,因此,高职院校在制定优惠政策时,应经过充分研究和讨论。

(二) 专业带头人和青年骨干教师培养

各高职院校为提高办学水准和学校声誉,争创示范院校,需要培养和造就专业名师名匠。通过选拔专业带头人和青年骨干教师,加强培养,在各方面给予重点扶植,以加速人才成长。当然,专业带头人和青年骨干教师的遴选要坚持标准、择优遴选、重点培养、严格考核、宁缺毋滥的原则并明确培养条件,制订遴选程序,以保证拔尖人才的培养达到预期效果。

二、教学改革研究项目

教学改革研究是高职院校进行教学管理时必须研究和完成的重要工作任务,教学改革研究项目进行得如何直接关系到教学管理工作的成功与否。一般来说,教学改革研究项目主要包括课程开发建设项目和专业建设项目。

(一) 课程开发建设项目

高职院校教学的整个过程,主要围绕课程展开。课程教学是实现人才培养目标的基本途径,课程设置和一系列教学环节是组成教学计划的主体。课程质量的高低在很大程度上决定着教学质量的高低,从而影响到培养的人才质量的优劣。因此,课程建设不仅是深化教学改革、提高教学质量的一项措施,而且也是教学工作中一项具有深远意义的基本建设。

1. 课程建设的意义

课程建设的意义具体表现在以下三个方面：①建立各门课程的规范，促进教学管理制度化。②全面提高教学质量，围绕提高课程教学质量的目标，同时，带动其他方面的建设（包括专业建设、师资队伍建设、实践教学基地建设等），推动其他各项工作，从而全面提高教学质量。③进一步深化教学改革。课程建设不仅是深化教学改革的需要，而且也是提高教学人员素质，更新教育观念的需要，有利于建立科学的课程教学质量标准并能够在分析课程教学现状的基础上制订出相应的改革措施。

2. 课程建设的内容

课程建设是以课程为单位优化课程教学资源。其具体内容包括以下六个方面：

（1）课程教学团队建设。一门课程若没有一支好的课程教学团队，提高教学质量就等于空谈，因此，课程建设首先要抓教学团队建设，建设一支素质优良、结构合理的主讲教师梯队，一般要求具有高级职称的不少于30%，40岁以下的中青年教师也应不少于30%，而且要保持主讲教师的稳定性。另外，要不断提高教师的学术水平，主讲教师学术地位逐步提高，鼓励教师积极开展科学研究和技术开发，使教师的科研成果、学术论文不断增加，同时，也使教师的开课能力和课程质量不断提高。还有，应抓好教学团队的学风和师德建设，要使主讲教师树立起严谨的学风和高尚师德，以身作则，教书育人。

（2）课程教学设施建设。课程教学设施建设的主体是实训室建设。在实训室建设方面，首先，要保证实训设备设施齐全、完善，达到能够开出教学大纲的全部实训项目并拥有本领域的较先进的仪器设备和实验设施。其次，要加强实训室工作人员的培养，不断提高素质。再次，实训室要规范达标，重视创建有利于能力培养的职业环境氛围。除实训室建设外，课程教学设施建设还包括与本课程配套的图书资料和科技期刊数量是否能达到要求，教学挂图、教学标本及其他多媒体教学材料等是否有足够的数量和质量，是否具有与本课程有关的科研场所条件及试题库建设等内容。

（3）教材建设。在课程建设中，教材建设也是很重要的内容，因为教师要教好课，没有一本合适的教材，也是不大可能的。教材建设对一门课程来说，就是要求要有合适的自编或选用的教材，如果有实训课程，还要注意选用或自编一本合适的实验实习指导书，方可保证教学工作的顺利进行。

（4）教学文件建设。教学文件是指指导教学的文件，一般包括教学大纲、进度表、考试试题等与本课程有关的文件。在课程建设中要求教学文件齐全、规范、系统，而且要有完善的档案保管制度。此外，教师个人的教案或讲稿也应齐全。

(5) 教学改革。课程教学改革的内容具有很广的范畴，不仅包括教学内容、教学方法、教学手段、教学过程组织等改革，而且也包括讲课、答疑、辅导、实验、课程设计、课程论文等教学环节的改革，同时，还包括考试考核制度的改革。

(6) 课程教学质量。课程教学质量是课程建设的综合成果，是由上述五个方面课程建设内容所组成的系统工程。它可以从课程的学生考试水平与成绩、学生作业完成情况的质量与成绩、学生技能考核的过关率和优秀率、学生在课外活动中的表现及活动能力、教师教书育人的成果等多方面反映出来。在课程建设中，高职院校要经常注意从上述各方面进行调查研究，及时采取改进措施并不断提高教学质量。

3. 课程建设的层次

高职院校课程建设必须达到的基本要求包括以下六个方面：①教学大纲要富有特色；②具有合适的教材和配套的实训实习指导书；③教学资料要完整、规范；④考核手段要科学、合理；⑤有一套有效的教学方法并可获得良好的教学效果；⑥拥有能满足教学要求的教学设施。

为此，高职院校课程建设应分期分批进行，做到有重点、有层次；操作规范并落到实处。课程建设目标分三个层次：①精品课程目标。②品牌课程目标。③合格课程目标。

4. 合格课程与精品课程的评估

高职院校成立课程建设评估委员会，其成员由学校学术委员会有关成员、教务处、二级学院（系、部）主管教学的负责人和学校教学督导组部分成员组成。在校长或主管教学的副校长的领导下，课程建设评估委员会负责合格课程和精品课程的审议、评定和复查验收工作。

（二）专业建设项目

在高等教育大众化的今天，面对大规模扩招状况，能否培养出符合社会需求的高素质技术技能人才，提高学生的就业竞争力，成为高职院校能否生存和发展的关键。人才培养主要依托于专业建设，因此，高职院校必须树立精品意识，将品牌、特色专业作为实现高职专业建设与改革新的增长点，以此作为高职院校凸显个性、争创效益的契机和增强高职教育生命力的重要途径。高职院校品牌、特色专业建设应从以下几方面努力：一是要加强学校传统优势专业建设，打造品牌、特色；二是要鼓励新兴优势专业建设，形成品牌、特色；三是要制订科学合理的改革方案，加大专业教学改革的力度，这是创特色、树品牌的前提；四是要加强专业带头人和"双师"素质教学团队建设，这是创特色、树品牌的关键；五是要优化教学管理，创新教学制度，这是创特色、树品牌的保障；六是加大设备投入，增强实习实训就业一体化基地建设力度；七是加强验收和评估工作，完善制度化的市场调研和专业评估机制，这是创特色、树品牌的主要途径。

三、教学工作检查项目

定期开展教学工作检查既是进行教学管理的必要环节，也是保障教学质量的首要条件之一，若没有良好的教学检查工作项目，则教学运行与管理中的质量问题就不能得到很好的体现，教学管理就发挥不出工作的监督与控制作用。教学检查工作一般以主管教学的副校长为组长牵头，教务处处长、学校教学督导组负责人为副组长，教务处相关工作人员与督导组成员为组员的高职院校教学工作检查小组，对高职院校的教学工作进行全面的检查或抽查。

第三节 策略管理法

策略管理法（Strategy Management），是一种最具广泛性的决策方法。其要求在高职院校重大发展和建设问题的决策方面采用"团队攻关""头脑风暴"等方法，组织全员参与讨论，广泛听取来自教学一线的意见。

一、高职院校教学策略管理的运行模式

由学校内部主管教学或承担教学工作的各级行政管理部门和二级教学单位组成，与教学有直接关系的行政管理部门和教学单位主要有二级学院（系、部）、教务处（实训中心、设备处）等。教学行政管理系统的主要功能是运用行政手段对教学活动的计划、组织、协调、指导等工作进行监督和检查，以确保教学工作整体目标能够实现。

二、高职院校教学策略管理的优化

（一）教学管理决策系统的优化

所谓教学管理决策，是指参与教学领导工作的人员在实践基础上形成的选择目标和行动方案的活动。在教学管理系统中，教学决策系统是核心结构，整个教

学管理系统的运行依靠它来指挥。只有在决策正确的前提下，教学管理才有意义，教学过程的最终结果才能符合教学目标的需要与要求，因此，教学决策系统必须遵循目的性、科学化、民主化和可行性原则。在具体教学管理过程中，既要强调系统的"刚"性管理，又要有与之相适应的"柔"性管理。实施"刚"性管理就是要调控规章制度的运作，从严治教，从严治学，使师生在规范化、法制化、科学化的轨道上运行。与此同时，在教学管理过程中注重用以人为本的柔性管理方式，使制度在师生心目中产生潜在的说服力，从而把组织的意志转为师生的自觉行动。

（二）教学信息反馈系统的优化

教学信息反馈系统主要包括教学督导员制度、教学信息员制度、教学质量评估制度、教学评优制度和教学检查制度等。这些制度的贯彻执行可以不断收集大量有关人才培养目标、规格层次、知识智能结构及教学过程所反映出的教风、学风等方面的信息，建立教学管理信息库并将这些信息进行分析综合和分类处理，再反馈给有关管理部门或个人。教学信息反馈系统是实现教学系统有效管理的重要途径。该系统的逻辑起点是信息源，决定着系统输出信息的质与量，因此，信息的收集要坚持灵敏性、不失真和多信源的原则，力求做到及时、准确、全面。信息的分析与综合的结果要求能解决各信息间的相互联系，预见可能的发展趋势，从整体上把握教学信息所反映的质、面、度。信息存储与管理则遵循有序性、可检性的要求，建立信息库，运用计算机管理。教学管理活动是以信息为基础的，只有建立周期性的信息反馈机制，才可实现教学管理的良性循环并保证人才的培养质量。

（三）教学质量监控系统的优化

教学质量监控系统以严把目标关、讲台关、考试关、毕业设计关及学籍关为核心，使影响教学质量的各个环节得到有效的全方位的监控，促使人才培养的全过程不断优化，从而保证能够完成对高质量人才的培养。

第四节 个人管理法

个人管理法（Personal Management）是指通过调动所有教职员工积极性、挖掘个人工作潜能和责任心而达到持续改进管理质量的目的的方法。这种方法强调个人在活动中的作用，要求每位教职员工制订个人工作计划，明确其职责和任务，使他们的工作更加具有生动性和目的性。

一、个人在教学管理中发挥作用的意义

教学质量只有在与其有关的每个人都做好他们的本职工作时才能提高，因此，应使每位与教学质量有关的教职员工都非常清楚自己为做好本职工作所应承担的义务。教学质量与每位教职员工都有着直接和间接的关系。学校领导、教师、教辅人员、后勤服务人员等都有各自的职责，只有大家共同努力，才能培养出高质量的人才，才能培养出让家长、社会满意的学生。

二、个人在教学管理中发挥作用的措施

（一）重视学校领导在教学管理中的作用

教学管理的原理和实践表明，学校领导在教学管理过程中位于最高层次，他们的作用最关键，因为学校的教学工作方针、目标由他们确定，学校教学管理体系的建立和健全也依赖于他们的决策。

（二）重视教职工的满意度

在业绩评定中，人们更容易根据教师的教学工作数量如课时数、完成论文的篇数来发课酬，而不是根据工作积极性、教学态度、进取心、协作精神来衡量教师的业绩。这种只重数量不重质量的业绩评定方式有待进一步改进。事实上，正是教职员工的工作满意度（即教职员工觉得自己的工作可以实现或有助于实现自己的价值）进而产生愉快的情感。这种愉快情感直接促使教职员工更加积极主动地工作，并且决定着教职员工的工作质量，从而能够提高教学质量。

（三）为教师提供良好的科研环境

作为提供高职教育服务的具体实施主体，教师本身的科研能力、科研水平与其教学服务水平是相辅相成的，甚至在某种程度上是科研水平决定其教学水平。国际国内许多知名大学，往往都是科研型大学，可从一个侧面反映出这个道理，所以高职院校管理者要为广大教师提供良好的科研环境，科研管理部门要为高职院校教师收集尽量充分、及时的科研信息，财务部门要提供给科研人员足够的科研经费，为科研人员提供必要的仪器设备，使高职院校形成以科研促教学的局面。

（四）加强教师的继续教育

高职教育的教学内容是不断变化、更新、与时俱进的，而教师的知识结构在完成最后一档学历教育后便基本定型。尽管在教学与科研过程中，教师的知识结构会进行一些调整，但是由于对于新知识、新技术、新标准、新工艺等毕竟缺乏系统地掌握，因此，他们需要通过继续教育来完成知识和技能的彻底更新。加强教师的继续教育可使教师体会到学校对教师职业发展前途的重视与关心，从而激发教师的学习积极性和工作主动性。与此同时，加强教师的继续教育可以稳定教师队伍。多数接受过培养的教师会用道德标准来约束自己，认为应该对得起学校的栽培，不会因感觉"我给学校做了这么多贡献，学校却没给过我什么"而不安心工作甚至另谋高就。这样，人才流失的现象就会得到有力的控制，最终有利于提高教学质量。

第六章 高职院校教学管理制度

第一节 高职院校制度建设概述

高等教育的快速发展，把高职教育从社会边缘推到了核心位置，其所面对的压力和挑战是前所未有的。高职院校若要为社会经济发展服务并源源不断地输送掌握科学知识和熟练操作技能的高素质技术技能人才，满足广大人民群众持续增长的接受高等教育需求，就必须在积极发展的同时提高教育教学管理水平。其关键是要以人为本，加强制度建设，把高职院校的办学水平和管理水平提升到一个新的高度。

一、高职院校制度建设的重要性

高职院校制度建设的重要性主要表现在以下几个方面：

（一）制度建设是高职院校和谐发展的根本所在

中共的十八大以来，党和国家在各行各业都强调规矩意识、加强了法纪法规和制度建设，鲜明地把"推进制度建设"写入加强和改进党的作风建设的指导思想中。邓小平同志曾经指出："领导制度、组织制度问题更带有根本性、全局性、稳定性和长期性""制度问题不解决，思想作风问题也解决不了"。依靠制度的加强和高职院校作风建设的改进，制度的作用在于建立健全整套管用的制度和机制及推进作风建设制度化、规范化。

制度建设带有全局性、稳定性和长期性，若要保证高职院校的稳定发展，制度建设是最基本的原则。搞好教育教学工作，制度建设同样是最根本的。多年的实践证明，依法治校、从严治校的关键在于建立和巩固一整套便利、管用、有约束力的制度和机制，对教育教学工作实行有效的管理，始终保持学校的高效运作和健康发展。制度建立起来后，必须坚决执行。人越能管好制度，制度越能管好人。这也是抓住制度建设的一个重要方面。制度建设离不开制度创新。社会主义市场经济体制的建立和高职教育内涵建设的要求对制度建设提出了新的课题,同时,也为制度创新提供了良好机遇。制度建设涉及学校和师生学习生活的各方面,内容十分丰富,是新的历史条件下加强高职院校建设的重要课题。制度环境对人的主观世界的改造作用突出体现在两方面:一是导向作用。制度本身就是一种最为有力的价值导向,具有把人的主观世界(特别是人生价值追求)往正确方向牵引的功能;二是规范作用。制度把人们的社会生活规范在它所许可的范围之内,使人的各种活动都必须依照它所设定的轨道运行。由于制度的规范是天长日久持之以恒的,因此,必然要对人们的主观世界产生潜移默化的(也是刻骨铭心的)影响。科学完备的制度有利于塑造崇尚真、善、美的健康人格;有缺陷的制度则可能使人的心灵发生扭曲,如朝着虚情假意的方向演化。加强制度建设和优化制度环境,不仅是我们以求真务实的精神,也是推动高职院校和谐发展的根本所在。

(二)制度建设是高职院校科学管理的依据所在

制度就是规程,是指在一个社会组织或团体中要求其成员共同遵守并按一定程序办事的行为准则,是在特定的社会活动领域中比较稳定和正式的社会规范体系。制度是社会组织存在和壮大的必要条件。一个社会组织如果没有制度的规范和制约,就无法正常运行。对国家、社会来说是这样,对学校来说也同样如此。制度作为规范人们行为的根本方式是由其下列特征决定的:一是规范性。制度是一种以行为为调整对象的社会规则,与道德等其他社会规则相比,更强调通过科学、严格的程序和规章来保证人们行为的规范性。二是强制性。制度一经制定,其组织中的任何成员都应该服从,任何成员都没有超越于制度之上的特权,任何违背制度的行为都将受到一定的制裁。因此,制度能强制性地将人的行为纳入符合社会组织要求的轨道。三是明确性。制度是一系列权利和义务或责任的集合,它明确告诉人们该做什么、能做什么、不能做什么及违反后的结果,便于人们在实践中操作。四是稳定性和连续性。制度要经过一定的机关、通过一定的程序制定、修改和废除,它比道德、习惯更稳定;不因领导者的更换而改变,也不因领导者的看法和注意力的改变而改变。制度建设则是通过组织行为改进原有规程或建立新规程,以追求一种更高的效益。一个完善的制度大致包括三方面内容:一是制定公共规则;二是保证规则执行;三是坚持公平原则。高职院校内部的制度建设水平和机制创新水平直接决定着一所高职院校的发展水平。合适的制度会极大地强化激励的有效性。

(三)制度建设是高职院校依法治校的基础所在

将高职院校的教学管理和办学活动纳入法治的轨道,将各类主体的权利主张和利益保障置于法制框架内考虑。加强制度建设是依法治校的基础，建立和完善规章制度是依法治校的当务之急。虽然高职院校中要处理的工作千头万绪，但人才培养才是根本任务，教育教学工作是摆在第一位的中心工作。因此，按照依法治校的要求，高职院校的规章制度建设应当围绕人才培养这一永恒的主题，以教师和学生为主体，不仅制定的规章制度要充分考虑教师和学生利益，而且在制定规章制度的过程应当充分吸收教师和学生的意见，以有效的形式促使教师和学生参与制定过程，以保护师生权益为出发点。

高职院校的制度建设必须确立和遵循这样的基准：一是合法性。学校建章立制必须与国家法律、法规和规章保持一致，不得与国家法律法规和规章冲突或相抵触。二是合理性。根据法律法规和规章做出具体规定或者根据法律授权做出具体规定，必须遵循合理性原则，制定善规良章。三是统一性。统一性是制度完善的基本标准，不允许从管理方便和部门观点出发制定的规章制度出台，规章制度必须以学校的名义，必须站在学校的高度。四是系统性。程序与实体并重，特别是要加强程序制度的完善。在学校的管理工作中坚持正当程序原则，是使学校的管理行为公开、公正、公平的基本保证。正当程序控制管理过程可以规范管理运行秩序，使权力的行使遵循符合法治精神的规范步骤和方式，避免管理运行的无序性、偶然性和随意性，保证管理行为的合法性和高效性。五是稳定性。不能朝令夕改。这是规章制度权威性和严肃性的保证。

当然，制度建设本身是一个非常复杂的社会工程，作为推进制度建设的一个重要步骤，尤其需要注重制度创新，提高制度的科学性和合理性。制度建设的另一个重要问题是维系制度的权威性和有效性。从一定意义上说，过去并不是完全没有制度或者说没有好的制度，而是一些好的制度得不到切实遵守。出现此类现象，主要是因为：一方面，一些人遵守制度的意识还不强；另一方面，一些管理部门善于抓制度形式而不善于抓制度落实，使制度的有效实施受到严重影响。制度建设是一项长期的艰巨的任务，任何制度都要经历从建立到不断完善的过程，任何制度的内容和形式都需要根据形势的变化不断丰富和发展。高职院校一定要充分认识制度建设的重要性，不断推进制度建设，努力建立健全从严治校的制度和机制，把校风、学风、思想作风、工作作风、领导作风和干部作风建设提高到一个新的水平。

二、高职院校教学管理制度建设方向

高职院校是随着我国经济的迅猛发展，高素质技术技能人才缺乏的压力而诞生的，因此，能否培养出市场需要的高素质技术技能人才事关高职院校自身能否生存与发展，因此，将高职教育办成本科的压缩或中专的翻版都是没有出路的。高职院校必须明确自己的定位，强化自己的特色，才能促进自身的发展，同时，还要针对市场需求、针对学生来源、针对高职特点建立包括多种教学模式、满足个人全面发展的现代教学管理制度，实现自身的科学定位和培养目标。

（一）建立灵活多变的专业设置和调整制度

1. 建立专业社会调查制度

高职院校培养的人才若要为社会经济服务，则必须满足社会和市场的需求。建立专业社会调查制度可以使教师根据专业特点，利用寒暑假有计划有组织地深入社会企事业单位进行调查和感性认知并通过深入企业对毕业生进行跟踪调查，及时掌握用人单位对专业知识及技能的需求，充分利用调适机制，使专业培养计划、课程设置与知识点的传授更切合人才市场的需求。这样，既有利于高职院校专业设置的科学性、教师探求社会需求与知识传授的结合点的自觉性，也有利于建设"双师型"师资队伍的针对性。

2. 建立按职业方向分流的培养制度

坚持以就业为导向是高职院校的职责所在。为了有效提高毕业生的就业率，高职院校应根据市场的用人需求，采取灵活措施进行专业调整。根据区域经济发展趋势和市场调研结果，在每个专业内部划分不同的职业方向，对学生进行分流培养，有针对性地强化其专业技能并增强其就业竞争力。

3. 建立学生自由选择职业方向制度

强调教学要适应学生个性和遵循教学规律是现代教学的重要标志。高职教育作为现代社会的产物，应该自觉遵循这一教学规律，允许学生在掌握专业基础课程后，根据自己的兴趣、特长及能力自由选择职业方向，保证个性发展与职业方向相一致。高职院校要辅以相应的专业课程讲授、职业证书考核辅导及职业技术训练做支撑。这样构建符合高职定位的现代教学管理制度新体系，既可以提高学生学习专业知识的积极性，也可以最大限度地满足学生的就业需要。

（二）建立因材施教的教学改革制度

现代教学追求的是学生的全面发展，而且还应努力把这种追求变成广泛的教育实践。这是现代教学的突出特色。高职院校培养对象是文化知识水平相对较差的学生，他们学习习惯不佳，自控能力不足，基础不全面、不扎实。对此，我们必须正视现实，不能盲目攀比普通高等学校教学的深度和广度，要制定浅入深出、因材施教的教学制度，让每位学生都懂得社会需要具有技术的人才，但高技术人才不一定等同于高学历人才。任何人只要努力,都能学有所得,都会学以致用。

1. 正视学生的基础差异,实施分班教学制度

高职院校的学生来源分为普通高中毕业生和三校(技校、中职、职高)毕业生两大类。两类学生在文化基础和专业技能方面各有所长,存在很大差异,因此,分班教学可以增强授课内容的针对性,有利于学生对知识的领会、技能的掌握和强化,特别是当前存在高职扩招,生源结构复杂的问题。

2. 对难度大课程采取课程小型化改造制度

高职院校要根据知识点的分布或难易度的不同要求,将一门课程分解为几门前后相关的课程,使学生分阶段学习、分层次掌握。这样,既可以增加学生适应的时间和反复学习的机会,又可以使学生学习的每一段课程均通过考试,达到质量标准,提高教学质量。当然,课程建设还需要与教材建设、教法改革配套进行,结合高职学生的学习能力和领悟能力因材施教,有计划有步骤地进行切合高职教学实际的高职教材编写和课堂教学方法的探讨和改革。侧重问题法、案例法、多媒体技术等生动直观、由浅入深的教学方法的运用可以帮助学生在现有知识的基础上顺利掌握新知识,建立自信。

3. 对专业核心课程实施小班教学制度

高等教育大众化和高职扩招导致学生数量的激增,很多高职院校由于教师紧缺,班额不断扩大,而新增学生的入学水平又参差不齐,加之定位不准、方法不对,教学效果日益不理想。实际上,教学班规模的大小应根据课程性质、学生程度、师资力量、教学效果等多方面因素综合考虑。根据高职课程特点,为确保学生熟练掌握专业技能,应首先满足各专业的核心技术课和职业技能课的小班教学,真正培养出学生的一技之长,为其步入社会,胜任岗位要求打下坚实的基础。

(三)建立突出定位的课程设置和技能培养制度

现代教学是一种具有丰富多样的教学模式的教学体系。高职院校若要实现长足发展,也应在围绕高职特点、突出高职定位的基础上,从知识结构、能力结构、素质结构等方面入手,建立起一系列符合高职定位的人才培养模式。课程设置必须围绕高职教育的培养目标,将高职教育课程目标与高职教育目的相衔接,坚持以职业技术为核心,以社会需求为导向,体现职业技能优先、动手能力优先;将技术教育与职业考证相结合,同时,兼顾对学生人文与科技素养的培养,做到理论知识必需而够用,技能训练充分而合理。以此为原则,构建符合高职人才培养定位的高职教育课程体系并下功夫依靠现代教学管理制度规范课程结构体系的每个环节。

高职技能培养任务的完成要通过对学生进行校内外职业技术训练来强化对学生动手实践操作能力的培养。一方面，在校内实践教学与理论教学的比例要到4:6以上，同时，要保证每学期给学生一定时间进行综合职能培训。实习实训要根据专业知识教学的实际需要，灵活将实训时间安排在理论教学之前、之后、期中的任意时间段，实现实践教学与理论教学的最佳衔接，以达到职业训练与知识掌握相得益彰的教学效果。另一方面，高职院校更要拓展思路，大力创建校外实训基地，要使校外实训基地真正发挥作用，就必须大胆引入市场机制，与企业双方建立双赢互利的有效机制，采取项目合作等形式，请进来，走出去，开门办学，形成企业与学校相互嵌入的教学与实训组织形式，既可将企业先进的设施设备引进校内，也可将学生分时段送入企业参与生产并接受技能训练。这样，有利于企业长期有效地为学生提供实践训练的条件，也有利于学生及时掌握市场所需的新技术、新工艺、新规范，以实现学生的零距离就业。

三、高职院校教学管理制度创新

一方面，制度是实现自由、张扬个性的工具和途径；另一方面，制度又是独立于个人意志的非人格化机制，是任何个人难以支配和控制的"前提性结构"。高职院校教学管理制度创新就是打破原有的制度安排，构建一种富有特色的制度结构。这种制度结构本质上是高职院校适应外部环境与符合自身逻辑的辩证统一。为此，高职院校必须进行以下创新：

（一）构建高职院校的法人治理制度

随着市场体制的建立和完善，高职院校面向市场依法自主办学是历史的必然。自主办学有两层含义：一是学校要有办学行为的决定权；二是学校具有明确的办学责任。《中华人民共和国高等教育法》（以下简称《高等教育法》）明确规定了高校办学的相关自主权力，但在实践中落实不力或不能有效实施，其根本原因在于学校还没有成为依法自主办学的法人实体。目前，我国的高职院校仍然沿袭着传统高校"三权（举办权、管理权、办学权）合一"的体制，高职院校成为无责无权的"虚位"存在，这直接制约着高职院校特色的形成和目标的实现。因此，重建高职院校的法人治理结构，解决"三权合一"问题是高职院校实现自主办学并承担相应社会责任的前提。实践中可以探索并完善董事会作为委托人的制度，民主选举校长作为学校的法定代理人，具体管理学校事务并承担以人才和科研成果服务社会，确保学校资产保值增值的责任。

(二) 构建学校运作的社会参与制度

高职教育是高等教育体系中与社会经济和职业世界联系最紧密的部分。随着企业在经济体制中的主体地位和个人在劳动力市场中的主体地位的确立，高职教育办学主体多元化局面随之形成。这就决定了高职院校的各项工作（如专业设置、课程开发等）必须由"政府主体行政主导"模式转变为"多元主体需求联动"模式。为使各办学主体和利益相关者都能自由地表达他们的利益诉求，除重大教育问题实施决策听证和咨询制度外，高职院校还应在学校的管理中建立行政听证制度，确保办学主体单位、用人单位、学生家长和学校教师有机会参与学校的治理。

(三) 创新师资建设和管理制度

教师是教育之本，没有富有特色的教师队伍，高职院校的组织目标就无法实现。当前高职院校教师队伍的根本问题是"二元结构"现象：理论教学队伍和实践教学队伍绝然分离、泾渭分明，而传统高校师资管理模式更加剧了这种"二元结构"现象，重理论、轻实践，重学术、轻技术，重学历、轻能力的现象普遍存在。尽管高职院校也强调从企业聘请兼职教师，也强调"双师型"教师队伍建设，但由于缺乏有效的制度保障，这些工作往往流于形式，"二元结构"现象并没有真正得到改变。因此，高职院校必须从师资引进、师资培训到职称评审进行系统的制度创新，使"双师型"队伍建设落在实处，真正改变"二元结构"现象。

(四) 构建可选择性的学习制度

赋予学生以更广泛的学习选择权，是高职院校的应尽义务和服务职责，因此，高职院校应努力改变"大一统"的管理模式和"标准件"式的培养方式。在专业管理制度构建方面，应考虑给予学生至少一次更换专业的机会，允许学生转专业、转系或跨专业、跨系学习，为他们成为复合型和贯通型人才创造条件。其实，这已经是各国高等教育的发展趋势；在课程管理制度方面，应建立可选择的必修课与选修课均衡的课程体系，为学生提供"套餐"式课程内容；在教学管理制度方面，应建立弹性的学习制度、学分制和学分转换制，使学生能根据实际情况选择学习内容和学习时段。另外，还应建立学习咨询制度和就业指导制度，对学生或其家长的选择进行帮助、指导并提供信息支持。

(五) 构建学术研究机构及其管理制度

作为一种独立的教育类型，高职教育的实践和发展必须要有自身理论的指导和支撑，但由于高职教育产生的动因是社会经济发展的需要，因此，作为一种独立的教育类型，它是人才类型多样化观念形成和高等教育结构调整的结果，而其大规模发展则得益于高等教育大众化战略的实施，并且只是20世纪90年代以来短短30年的事情。因此，高职教育的理论体系尚未真正形成，有许多重大的理论和实践问题亟待研究和解决。作为高职教育的实施者，高职院校无疑应该承担起高职教育理论创建和实践探索的主要责任。为此，有必要构建富有特色的学术研究机构及其管理制度。通过研究机构的建设，高职院校可以逐步实现学术研究工作的"制度化"，使之成为一种有组织、有领导、有目的、有计划的专业活动并通过政策和经费等方面的支持与调控，使之拥有赖以存在的稳固基础和持续发展的有力保障。这不仅是高等职业教育理论发展的需要，而且也是高职院校成为名副其实的"高等学校"的内在逻辑要求。

第二节 教学计划管理制度

一、专业人才培养方案

（一）制订人才培养方案的基本原则和要求

人才培养方案是人才培养工作的总体设计和实施蓝图，也是学校组织和管理教学过程的主要依据，还是学校对教学质量进行监控和评价的基础性文件。它决定了专业教学内容的方向和总体结构。高职院校开设的专业都应有人才培养方案。

人才培养方案的制订要依据高职教育的基本特征和要求，体现高职教育的理念；要借鉴国外高职教育的成功经验，注意运用现代化教学方法和手段来培养社会需求的专门人才。

1. 制订人才培养方案的基本原则

全面发展的原则、整体优化的原则、因材施教的原则、体现特色的原则、课程设置和课程体系构建的合理性原则、国际性原则。

2. 制订人才培养方案的基本要求

制订人才培养方案要处理好以下关系：处理好社会需求与实际教学工作关系，广泛开展社会调查并尽可能请社会用人单位参与人才培养方案的制订工作；处理好知识、能力与素质的关系，以适应社会需求为目标，以培养专业技术能力为主线，以产学研结合为基本途径来设计培养方案；处理好基础理论知识与专业知识的关系，既要突出人才培养的针对性和应用性，又要让学生具备一定的可持续发展的能力；处理好教师与学生的关系，发挥教师在教学工作中主导作用的同时，突出学生的主体作用，调动学生的学习积极性；处理好人才培养条件和规范管理的关系，不断完善人才培养条件，加强对人才培养的全过程控制，确保人才培养质量。

（二）人才培养方案的主要内容和结构

1. 确定人才培养理念

确定人才培养理念应体现以受教育者从业能力的培养为目标，以培养高素质技术技能人才为根本任务，以培养技术应用能力为主线设计学生的知识、能力、素质结构和人才培养方案，重视受教育者职业能力的形成。教学模式上，体现工学结合，突出教学过程的实践性、开放性和职业性；课程设置上，理论教学体系、实践教学体系、素质教育体系应围绕培养目标的实现有机融合成一个整体，使课内与课外、校内与校外、显性与隐性的教学活动组成一个有机的整体。

2. 分析人才培养需求

分析人才培养需求包括市场（就业、生源、技术、岗位）分析、职业分析（职业岗位、职业能力）、教学分析（教学资源、课程设置等）。

教学资源分析是指对现有师资、校内外实训条件、校本教材、图书资料等现状的分析，可以确定是否满足人才培养的需要。课程设置分析分为三个方面：①素质教育课程；②理论教学课程；③实践教学课程。说明了高职院校所设课程对实现人才培养目标的功能和作用。

3. 设计人才培养体系

设计人才培养体系主要包括专业培养目标、专业培养规格、专业教学内容与课程体系、专业教学环节质量标准与组织计划、专业教学进程、专业教学方法与手段、专业教学质量控制与评价七个方面。

4. 构建人才培养模式

构建人才培养模式以校企合作、工学结合为切入点，探索专业人才培养的实现形式。

5. 完善人才培养条件

完善人才培养条件包括师资队伍、校内外实训条件、专业教学资源库等。

6. 突出人才培养特色

根据学校发展历史、专业内涵积淀、区域产业特点，制订针对性强、适应性强、可操作性强的个性化人才培养方案。

（三）制订人才培养方案的基本程序

人才培养方案由专业建设指导委员会负责制订，由所在二级学院（系部）初审，教务处二审，教学工作委员会三审，学校党委会终审并颁布公示。专业人才培养方案实行动态管理，视需要适时修订。

二、教学计划

教学计划是学校落实专业人才培养方案，保证教学质量和人才培养规格的重要文件，是组织教学过程、安排教学任务、确定教学编制的基本依据。教学计划是在教育部宏观指导下，由高校组织专家自主制订的。它既要符合教学规律，保持一定的稳定性，又要不断根据社会、经济和科学技术的新发展，适时地进行调整和修订。教学计划一经确定，就必须认真组织实施。教学计划可以分为指导性教学计划和实施性教学计划。

制订教学计划的基本原则主要有：主动适应经济社会发展需要的原则、德智体美劳全面发展的原则；突出应用性和针对性，满足第一任职需要和可持续发展的原则；加强实践能力培养、理论教学与实践教学并重的原则；贯彻产学研结合思想的原则；从实际出发，办出特色的原则。

制订教学计划的一般程序是：广泛地进行社会调查，了解社会、经济和科技发展对人才的要求，掌握人才市场的需求动态，论证专业培养目标和人才培养规格；学习、理解上级相关文件精神及规定；教务处提出制订教学计划的实施意见及要求。由专业建设指导委员会负责制订，经二级学院（系部）讨论审议，学校教学工作委员会审定，校长审核签字后下发执行。指导性教学计划一般相对稳定，根据需要，隔若干年进行一次全面修订；而实施性教学计划则是各二级学院（系部）根据实际需要灵活把握，可以在每年招新生前进行修订。

教学计划的构成与时间安排是：①教学计划的内容应当包括：专业的具体培养目标；人才培养规格要求和知识、能力、素质结构；修业年限；课程设置及时间分配；教学进程表；必要的说明。②教学可分为理论教学和实践教学。理论教学包括课程讲授、课堂讨论、习题课等教学环节；实践教学包括实验课、实习、实训、课程设计、毕业设计（论文）等教学环节。③高职教育的基本修业年限为2～3年，非全日制的修业年限应适当延长。

三、教学大纲

教学大纲（课程标准）是各门课程进行教学的指导性文件，是检查、考核教学质量的重要标准。教学大纲规定了教学的目的与任务，各门课程基本理论、基本知识和基本技能的范围，教学体系和内容及教学进度和教学方法的基本要求等。只有制订完善的教学大纲，才能保证教学计划的有效实施，为选编教材、制订授课计划提供科学的依据。

高职院校组织编写自编教学大纲时，还应达到以下具体要求：①课程教学大纲应包含课程的性质、任务和基本要求，课程内容，课程学期学时分配表及说明，教材、教学参考书等部分。②教学实习（实训）大纲一般包括实习的目的、要求、基本内容、实习（实训）进程、实习工作的安排意见、实习（实训）要求及成绩考核，必要时可另附参考资料。③课程设计大纲一般包括设计的目的要求、课题类型、命题原则、深度广度及难度的要求、设计进程及设计的答辩和成绩评定。④在编制教学大纲时应明确该课程在整个教学计划中的地位与作用，注意，教学及实践内容应服务于培养目标。⑤课程名称要规范，不能随意简写。⑥理论和实践教学大纲由专业带头人或教研室主任负责组织有一定教学经验的教师编写，再由该教研室讨论，所在二级学院（系部）初审通过后，提请教务处审批后实施。⑦授课教师应遵循课程教学大纲的精神，如需要调整和更改教学大纲，则由所在二级学院（系部）提出书面申请，经教务处研究批准。⑧教学大纲是采用教材的主要依据，教师授课一般要采用统编教材，在缺乏统编教材的情况下，可选择相同、相近的课本或讲义，但其知识水平和含量不得低于教学大纲的要求。代用的教材或讲义必须经该教研室批准，交教务处审核备案。

四、教师授课计划

教师授课计划是在其所任课程教学大纲的指导下，由任课教师严格按照学校下发的学期教学进程表编制的学期教学进程指导文件。该计划一经制订，审核批准后，任课教师必须按授课计划进度进行课堂教学，原则上不得改动。

在制订教师授课计划时应注意如下情况：①与前一轮授课计划相比，凡属新增的教学内容都要在授课计划表中注明；②计划内容应是期末考试命题范围的依据；③计划中可安排一个机动周，用来补充运动会或节假日等因素耽误的学时，如无此影响，则可安排讲授一些不作为考试内容的扩展内容或用来进行总复习；④教师在执行授课计划的过程中，如发现存在不妥之处，应及时向教研室提出更改意见，经教务处批准（备案）后方可改正；⑤如主讲教师因故停课、缺课，代课教师和辅助教师也必须遵循原授课进程，执行原计划，不得简化授课内容或压缩课时，以保证执行计划的连续性和严肃性。

五、教学进程表和课程表

教学进程表和课程表由教务处依据专业教学计划和教学大纲编制,以学期为单位,标明各课程的教学进程和每周授课内容,具有程序性和法规性,是具有很强约束力的教学文件,要求教学工作者共同遵守。

制订和实施教学进程表和课程表时应注意如下要求:①教学进程表是以学年班级为纵轴,以周次为横轴,以授课形式为内容表示各学年班级每周授课形式的表格式的教学文件。它便于各教学机构监督、检查和实施,一般情况下不进行变动;特殊情况需经主管教学的副校长批准方可改动。②课程表是以班级为单位,以周一至周五每日授课内容的程序表。一般情况下,课程表是正常教学进程的依据。如需调课、串课须经本教研室负责人提出申请并填写调课申请单,经二级学院(系部)教学副院长(副主任)同意、教务处批准后方能实施。调课、串课须提前两天提出,在调课、串课后必须立即通知授课班级。教师自行调课、空课、串课的,按违纪处理。③教务处及各二级学院(系部)教学负责人要及时深入教学班,检查各课程教学的运转情况,如发现有空课或临时更改授课内容的情况应及时通报,并责令相关二级学院(系部)及时采取补救措施。④教学进程表设置在教务处内,课程表放置在各班级教室的前面。另外,各二级学院(系部)也要设置教学进程表和课程表。

第三节　教学运行管理制度

在教学管理过程中,教学运行管理是按教学计划实施对教学活动最核心、最重要的管理,包括以教师为主导、以学生为主体、师生相互配合的教学过程的组织管理和以学校、二级教学单位等教学管理部门为主体进行的教学行政管理。其基本点是全校协同、上下协调,严格执行教学规范和各项制度,以保持教学工作能够稳定运行。

一、课堂教学环节的组织管理办法

课堂教学是教学的基本形式,是传授知识最基本和最主要的形式。授课是教师的基本职责。教研室是组织教学的基层单位。教务处负责审查教师的授课资格及授课质量,并对全校授课情况负有总的组织职责。

一般来说,课堂教学的组织管理办法包括以下方面:①教师授课资格规定。高职院校的教师在进行课堂教学之前必须符合《教师基本工作规范》对授课资格规定的条款。被选聘的新教师或新开课的教师必须经过所开课程各个教学环节的严格训练,建立岗前培训制度。②备课规定。教师在进行课堂授课之前还必须进行备课,《备课规定》应包括对教师备课依据、教学内容、教学方法、教学程序、教学方式、备课时间、备课形式等都有详细的说明。③授课规定。授课是课堂教学的中心活动。《授课规定》应包括对教师的上课时间、着装、仪态、学生出勤情况记录、课堂纪律、课堂气氛、授课方式方法、授课语言、板书、教学日志填写等都有明确的规定和说明。④调课、串课、代课规定。课表排定后,教师个人不得私下改动,遇特殊情况,必须按照《调课、串课、代课规定》的条款执行。⑤作业及辅导规定。课外作业是巩固课堂教学的重要途径,是学生理论联系实际、提高分析问题解决问题能力的有效手段,《作业及辅导规定》应对教师布置作业的指导思想、依据、批改作业的方式、态度等都有规定。课后辅导答疑是课堂教学活动的继续,《作业及辅导规定》亦应对教师辅导的时间、辅导方式、方法、态度都有规定。⑥成绩考核规定。《成绩考核规定》应对教师在平时成绩考核、期中考核、期末考核等过程中应做的工作和应遵循的原则有详细规定。

二、实践性教学环节的组织管理办法

实践性教学环节是高职教学过程中的一个极其重要的教学环节。各实践性教学环节都要制订教学大纲和计划,严格考核。实验教学必要时可单独设课或组成实验课群,也可在相关课程内统一安排。综合实训及毕业论文(毕业设计)要符合教学要求并尽可能结合实际任务进行,要保证足够的时间。根据教学计划要求,实践性教学环节应尽可能建立保证完成各类实习实训和社会实践任务的相对稳定的校内外实践基地。在满足基本要求的前提下,社会实践的组织形式也可让学生有选择地自行安排。

实验、实训、实习是教学过程中重要的实践性教学环节,是培养学生专业技能、职业素质并养成良好的职业操守的重要途径。为提高实践教学质量,确保实践教学正常进行,高职院校有必要制订《实践课教学规程》《实验实训室规则》《实验实训规则》《顶岗实习规定》《实践指导教师职责》等实践教学管理文件并将其贯彻执行。

三、日常教学管理制度

日常教学管理制度及其执行情况不仅是一个学校能否维持正常教学秩序的基本前提，而且也是教学微观管理的主要内容。高职院校日常教学管理制度中至少应包含以下内容：①教师必须提前5分钟到达任课班级门前，铃响进入教室，除使用多媒体课件需要操作计算机外，授课过程中不得坐着讲课，不得在学生面前或在非指定吸烟地点吸烟，不能中途离开教室，不得提前下课。②教务处每天都要进行教学常规检查并做好记录。③建立健全听课制度，校长、教学副校长、教务处长（副处长）、二级学院（系部）院长、教学副院长（主任、教学副主任）、教研室主任及其他教学管理人员要按规定听课，听课要有目的，有准备，听后要与教师交换意见。④教务处应定期（一般按月）进行教学质量检查统计分析（月检查）。⑤各二级学院（系部）应组织教研主任定期检查各任课教师的教案、作业批改、成绩考核、执行学期授课计划、课外辅导、教师相互听课等方面情况，并及时向教务处通报。⑥每学期期末各二级学院（系部）要组织教师对本学期教学情况进行一次评议鉴定，报教务处记入教师考核档案。⑦教务处定期召开学生座谈会，了解教师任课情况。⑧教务处、教研室要抽查教师填写教学日志、作业批改及辅导情况。⑨教务处每学期期末召开一次教研会议，总结教学中取得的成绩和存在的问题，提出改进意见。

四、学籍管理制度

学籍管理制度的实施是不断提高教育教学质量，从严治校，保证培养目标实现的关键性操作环节。一般来说，《学籍管理办法》包括入学与注册、课程修读、考核与成绩记载办法、辅修专业、转专业与转学、休学与复学、退学与取消学籍、毕业与结业、奖励与处分等方面的具体规定与实施办法。高职院校应制订本校的学籍管理办法并建立学籍档案，而且在日常学籍管理中，应重点管理成绩卡和学籍卡，做到完整、准确、规范、及时。

五、教学资源管理办法

教学资源是高职院校实施教育的物质基础，也是体现高职院校办学条件和办学实力的主要内容，因此，搞好教育资源的管理，对提高教育资源的利用率和利用效率、提高教学资源的使用价值、发掘教学资源的使用潜力，都具有非常重要的意义。教学资源的管理制度具有一个很广泛的范畴，包括对教室、实训实习场地、图书馆、校园网等各类教学设施和仪器设备的合理配置、科学管理和规划建设，涉及一系列的财产管理制度、安全维护管理制度、采购保管制度等，从而保证教学需要并实现对教学资源的有效管理。

六、教学档案管理办法

高职院校应建立必要的机构和档案管理制度，明确各级各类教职员工职责，确定各类教学档案的内容、保存范围和时限。

教学档案一般包括教学文件、教务档案、教师业务档案、学生学习档案。教务处及二级教学单位应指定专人负责档案工作，定期对档案进行分类归档。

第四节　教学基本建设管理制度

教学基本建设包括专业建设、课程建设、教材建设、实践教学基地建设、学风建设、教学队伍建设等。它们是保证教学质量的最重要的基础性建设，应以学校发展目标和总体规划为依据，统筹安排，精心设计和制定相关的且切实可行的建设与管理办法和规定。每项基本建设要不断完善改革措施，以利于创造稳定、良好的教学环境。

一、专业设置与建设管理办法

为加强高职专业的建设与管理并适应社会经济和科技发展的需要，同时，促进高职院校教学规模、结构、质量效益的协调发展，必须构建合理的专业结构。具体办法如下：①高职院校专业的设置和建设应坚持市场需求第一、基本条件具备和动态管理的原则，应适应国家经济建设、科技进步和社会发展需要，为经济建设和社会发展服务并遵循教育规律、特殊与一般的关系。②高职院校专业的设置和建设应符合学校发展规划，应有利于形成合理的专业结构和优化布局，有利于提高学校的办学效益，有利于提高教育教学质量。③应符合上级教育行政部门颁布的有关文件要求，按规定程序办理。④高职院校专业的设置与调整，既要充分利用学校现有资源，又要认识办学资源的有限性，坚持有所为有所不为。⑤充分利用学校重点建设专业（群）优势，以主体专业孵化新专业，形成重点建设专业群。

专业设置和调整必须满足下列基本要求：符合学校事业发展规划，有人才需求论证报告，年招生规模不得少于 100 人（特殊专业，如艺术类专业除外）；有专业建设规划，有符合专业培养目标的教学计划和其他必需的教学文件；能配备完成该专业教学计划所必需的教师队伍及教学辅助人员，一般应以相关专业为依托；具备该专业必需的开办经费和教室，实验室及仪器设备、实习基地、图书资料等办学基本条件，能够充分体现资源共享的特点。

关于新设专业建设，二级学院（系部）应在学校统一领导下根据教育行政主管部门确定的新设专业建设标准，有计划地加强师资队伍建设和教学条件建设，以满足教学需要并确保教学质量。保证新设专业在 2～3 年内建设达到新设专业建设的合格标准。

为推进专业改革和建设，提高教育质量，高职院校应制订精品专业建设规划，遴选一批专业改革和建设基础较好、教学与管理水平较高的专业，作为院级精品建设专业。精品建设专业建设期限为三年。建设期满，经学校评估验收达到精品专业建设标准的，将授予"精品专业"称号。

二、课程建设管理办法

课程建设是高职院校的教学基础建设，是实现人才培养目标的保证，对提高教学质量、培养高技能人才起到极其重要的作用。为明确课程建设的工作内容与建设目标，加强对课程建设工作的管理，要建立合格课程、精品课程的评估制度，制订《课程建设与管理办法》，实现对课程的层次管理。课程建设分为两个层次，即合格课程与精品课程。

合格课程是课程建设的基本要求与水准。各类课程通过一定时期的建设，均应达到如下基本要求：①要有科学的、具有特色的教学大纲（课程标准）。②要有充分反映体现工学结合教学改革要求的授课计划。③有一套符合教学大纲要求的教材和与之配套的教学资料。④有一套科学、严格的课程考核制度。建立科学、严格的考核制度，建立课程题库。⑤有一套革新的教学方法和手段。⑥有一支能保证课程各环节教学质量的教师梯队。⑦具有加强实践性教学环节，把培养学生职业能力落到实处的措施和基本条件。

精品课程是课程建设的高水平要求。院级精品课程在合格课程中选定。精品课程的建设目标如下：有一支素质好、结构合理的师资梯队并有作风正派、专业水平和教学水平较高的课程负责人；课程各个环节教学效果好、教学质量优良，为全校师生所公认；精品课程在教学改革、教学研究、教材建设等方面应有显著成果；教研室（课程组）有良好作风，坚持教书育人，工作态度与管理水平处于全校前列；实习实训基地的建设和课程教学的必要基地建设达到良好水平；课程建设的方法、教学内容、方法和体系有特色。

三、教材建设管理办法

为及时总结高职院校教材建设与教材研究的经验与成果，表彰和鼓励广大教师编写高职特色教材的积极性，促进高职院校教材建设工作的健康发展和教学改革的深化，从整体上进一步提高高职院校的教材质量，各高职院校应制订《教材建设与管理办法》并设立优秀教材奖。

评奖范围：列入学校教材建设规划，并由本校教师主编（参编）的公开出版教材。

评选办法：每隔2~3年评选一次。由主编申报，所属教研室讨论推荐，二级学院（系部）组织同行专家评审（两名副教授以上）并提出审核意见，报学校教学工作委员会评审，经校长批准后公布。

四、校外实习实训基地遴选及管理办法

高职院校校外实习实训基地是学生了解社会、接触社会、服务社会的主渠道。建立校外基地，一方面，可以解决实习实践任务，提高学生的生产实践能力；另一方面，可以为教师提供科技开发的场所，是实现产学研结合发展道路的重要载体。

校外实习实训基地的建设要坚持"政策激励、项目带动、产学研结合"的原则。基地建设的依托单位必须是具有独立法人资格的行政和企事业单位，一般应具备以下条件：既能满足高职院校相关专业的实践教学要求，又具备科研成果转化与推广的条件，而且还有与高职院校合作的愿望。在生产、经营、经济发展水平和资源、生态等方面有区域或行业代表性，有一定的生产、开发规模和较先进的技术、管理水平，基地建设和发展基础较好。校外实习实训基地原则上可以每年或每学期按计划安排一部分学生实习或者在某一科技领域可供学生参观、实习。

校外实习实训基地的选择要注意坚持以下原则：①教学、科研、生产三结合原则。②"互惠互利、双向受益"的原则。③先进性原则。校外基地应能展示生产经营的新成果、新典型，具有区域代表性，能体现现代科技和社会主义市场经济发展的新方向。④多样性原则。校外基地的整体合作布局，应能反映不同自然资源条件下的生产、经营等类型和方式。与此同时，基地在不同专业（包括生产、

加工、管理、经营等）方面都有较好的基础。

领导机构健全，有专人负责基地的建设。学校要有专门领导和部门分管校外基地建设工作，各专业要配备专门人员负责基地管理和运行。

基地一般采用学校、二级学院（系、部）两级管理的方法。主管副校长分管校外基地建设工作，教务处（实训中心）为主管部门，负责制订基地建设与管理的规章制度，协调有关事宜。二级学院（系部）具体负责基地的建设与管理工作。学校应制订"校外基地建设评估标准"，定期对基地工作进行评估和检查。

五、教风、学风建设办法

教风、学风建设包括教师的治学作风和学生的学习目的、学习态度、学习纪律等方面的学习作风。高职院校要通过思想建设、组织建设、制度建设和环境建设，逐步形成好的传统并在此基础上制订诸如《教学事故处理办法》《文明大学生守则》《保护环境细则》等约束规定。要坚持重在教育，建管结合，以建为主的原则；坚持"二级学院（系、部）共同抓，教师人人管"的做法，把教风、学风建设与学校德育工作相结合。要通过教学改革，使学生变被动学习为主动学习并充分利用选修课、第二课堂等形式扩展学生学习的领域。另外，还要特别重视考风建设，制订《考试规则》《监考规则》。严肃的教育和严格的管理可以坚决制止作弊等错误行为，纠正不良风气。

六、教学队伍建设管理办法

通过体制改革，高职院校可以建立一支人员素质优良、结构合理、教学科研相结合、双师素质突出的相对稳定的教学团队，学校、二级学院（系、部）、教研室均要制订教师队伍建设规划和制度，如《教师培养与培训制度》《教师的引进与聘请规定》《聘请兼职教师的规定》《专业带头人队伍建设及管理办法》《青年骨干教师队伍建设及管理办法》等，层层负责，抓好落实。从而提高教师的整体素质，在职与脱产培训结合，以在职为主；重点抓好中青年骨干教师的培养提高；注意选拔专业带头人和青年骨干教师；发挥学术造诣深、双师素质突出、教学经验丰富的老教师的传帮带作用，培养优秀青年教师充实教学第一线；同时，通过各种渠道引进和聘请一些优秀人才和积极服从生产、建设、管理、服务第一线企业建立兼职教师库，以充实教学队伍。

第五节　教学检查与评估制度

一、教学检查制度

教学检查制度是对了解教学情况、加强教学信息反馈过程的管理。各教学环节的经常性检查，可以通过定期的教学检查，一般安排开学前教学准备工作检查、期末教学检查等。此外，教学检查制度还可以通过抽查学生作业、分析平时测验及期中考试成绩和试卷，特别是学校领导和教学督导团成员的检查性听课和经常性监督等方式进行。所有这些措施和活动都要制定相应的制度和规定，使教学检查工作经常化和制度化，不搞形式主义。教学检查制度主要包括教学准备工作检查制度、期中教学检查制度、听课制度、教学督导实施办法等。

二、教学评估制度

（一）二级学院（系部）教学工作评估办法

1. 二级学院（系部）教学工作评估的目的和意义

二级学院（系部）教学工作评估的主要目的如下：①客观评价高职院校二级学院（系部）组织和领导教学及在教学改革、专业、课程、师资队伍、教材、实践基地等建设工作情况，肯定成绩，找出差距，改进工作，提高教育教学质量。②调动教师、学生、实践教学指导人员和教学管理人员的工作积极性，充分发挥教师的主导作用，推动教学改革的深入发展。③明确二级学院（系部）在教学工作中的地位和作用，探索建立和完善高职院校教学工作评估的标准和方法，提高二级学院（系部）教学管理水平。

2. 二级学院（系部）教学工作评估的原则

教学评估应遵循方向性、科学性、客观性、可测性和简易性的原则。二级学院（系部）教学工作评估中要注意：①坚持教学目标、教学过程、教学条件综合考虑的原则。②坚持教与学、教学管理综合考虑的原则。③坚持过去、当前、长远效果综合考虑的原则。④坚持自评为主、自评与互评、自上而下与自下而上的评估相结合的原则。

3. 二级学院（系部）教学工作评估的指标体系

为达到二级学院（系部）教学工作的评估目的，建立科学、切实可行的评估指标体系是搞好二级学院（系部）教学工作评估的关键。结合高职院校教学工作的特点，评价二级学院（系部）教学工作主要从办学目标和指导思想、教学建设、教学运行与管理、教学质量、教学改革五方面切入。

4. 二级学院（系部）教学工作评估的方法和步骤

（1）教学工作评估以二级学院（系部）自评为主，在自评的基础上，由学校评估小组进行全面综合评估。

（2）评估工作程序如下：①二级学院（系部）对照评估指标与要求逐项地进行自我检查和评估并写出自评总结报告与相关资料，报送教务处。②学校召开评估小组会议，听二级学院（系部）自评情况汇报和查看实物的方式，进行综合测评并最后评分。③评估工作结束时，要认真做好材料的收集整理工作，建立教学工作评估档案，同时，评估小组对二级学院（系部）教学工作的评估结果进行统计，写出评估意见，报学校领导或学校教学工作委员会审核后，公布评估结果。

（二）教学质量评价学生信息员职责

为充分发挥学生在教学管理工作中的主动性和积极性，应在学校学生中聘请"学生教学信息员"，组成教学质量评价小组，以协助和配合教务处开展教学、督查、教学评价等工作，促进学校教育质量的提高。具体来说，教学质量评价学生信息员的职责主要体现在以下几方面：①反映学生对学校在教书育人、教学质量、教学水平、教学管理、学术气氛方面的意见和建议，重点是对教学内容更新状况、教学实践环节、教学设备方面的意见。②反映学生对任课教师教学态度、教学水平的意见和建议，教学过程的各环节（备课、课堂教学、实验教学、作业批改、课外辅导、实践环节、课程设计、考试等）的意见和建议。③反映学生对教学管理部门（包括教学管理制度的制定与实施、教学活动的组织、教学质量管理等）的意见和建议。④反映学生在教学活动中存在的学风问题。⑤反映学生及家长对学校办学的意见和建议。⑥及时反映学生听课、实验实习、作业、考试等方面的状况。⑦收集二级学院（系部）和本班的教学信息，及时向教务处反馈并填报《教学信息员反馈意见表》。⑧协助教务处和二级学院（系部）进行课堂教学问卷调查和教学质量评价。⑨参加教学信息中心组织的会议及其他各项活动。

（三）教师教学质量评估实施方案

1. 评估目的

根据对每门课程教师的教学情况和教学质量所进行的客观调查，进行统计、分析和评价，以便发现教学中存在的问题，及时采取改进措施，引导广大教师重视教学、研究教学、投入教学，进一步提高教学质量；同时，评估结果也可以作为教师工作量计算和绩效考核的一个重要指标。

2. 评估的方法和内容

教师教学质量评估采用定性、定量相结合的方法，注重导向作用，力求简便易行并依据全面性、客观性、可测性、可化性的原则，确定评估内容为教学态度、教学素质、教学方法、教学组织、教学效果五方面，分别由学生、教研室、二级学院（系部）依据所了解的情况，从不同角度对教师进行较为全面的评估。各级评估在内容和项目的安排上有不同侧重。

（四）课程教学质量评估指标

高职院校的根本任务是培养人才，而提高教育教学质量是其工作的主旋律。课程教学是教学工作的核心环节。因此，开展教学评估，提高课程质量是提高高职院校教育教学质量的重要措施。开展课程教学质量评估的目的是以评促改，以评促建，促进教师提高教学水平。课程教学质量评估可以进一步推进教学改革，加强课程建设，完善教学环节，提高教学质量。课程教学质量评估主要包括建设措施、课程目标、课程内容与结构、教学方法与手段、课程团队、课程研究、课程资源、课程考核、教学效果、课程管理等内容。

三、教学激励与约束制度

（一）优秀教学质量奖评选办法

为鼓励教师积极承担教学任务、开展教学研究和教学改革，促进学校教学质量和教学水平的提高，各高职院校应制订优秀教学质量奖评选办法，充分调动广大教学人员的积极性。

优秀教学质量奖的评选是一项复杂而细致的工作。为保证优秀教学质量奖评选客观、公正，优秀教学质量奖的评选应坚持以下原则：①质量第一，宁缺毋滥；②注重整体性、系统性，防止片面性，切忌以偏概全、以点当面；③既考察过程，又考察结果，但以结果为主。

优秀教学质量奖的评选以课程教学质量为主要评价依据，主要从教学内容、教学方法、教学态度三方面设计指标体系，突出教学效果和教学质量。

（二）优秀教学成果奖励办法

高职院校应鼓励教师和教学管理人员开展教学研究和教学改革，不断提高教学质量。为此，高职院校应制订《优秀教学成果奖励办法》，规定优秀教学成果奖的奖励范围和对象是在高职教育的教学改革、教学质量、教学管理及教学建设等方面取得优秀教学成果的单位和个人并明确评选条件和标准、明确奖励等级、规范评奖方法，从而达到预期效果。

（三）教学事故处理办法

教学事故是指教师、教辅人员、教学管理人员等由于责任心不强而对正常教学秩序和教学质量造成不良影响的行为。稳定的教学秩序是提高教学质量的基本条件和重要保证，为确保全校教学秩序的正常开展，加强教学管理，杜绝和减少各类教学事故的发生，努力提高教学质量，高职院校应制定《教学事故处理办法》。一般说来，高职院校教学事故可以分为三类：一般教学事故、严重教学事故、重大教学事故。教学工作中一旦发生教学事故，其主要或直接责任者应及时向二级学院（系部）或教务处提出书面报告或写出书面检查，隐瞒不报者，应加大处理或处罚力度。

第六节　高职院校教学管理中的考试制度建设

一、我国高职院校考试制度的缺陷

（一）考试方式单一，难以反映学生真实水平

目前，高职院校采用最多的考核形式依然是课程结束时采用闭卷笔试。这种单一的考试难以体现不同性质课程的特点，难以按培养目标要求考核学生除记忆知识和简单推理之外的基本技能，限制了学生在考试环节上的创造性；同时，也易造成"一卷定乾坤"的现象发生，使学生不注重平时学习，临考前突击复习，导致学习目的纯粹是考试过关，限制了学生创新意识和创造能力的发展。

（二）考试命题缺乏科学性

目前，高职院校的考试大多采取谁上课、谁命题的方式。任课教师往往只是

根据指定教材所讲授的内容出题，考试内容侧重知识考核，缺乏能力的培养。具体表现在以下几方面：一是命题的内容过于拘泥教材，考试内容过于侧重对知识的掌握程度，注重知识的再现水平，考记忆的内容较多，忽视学生兴趣、能力、素质的培养和检测，从而导致学生"上课记笔记、课后背笔记、考试默笔记、考后扔笔记"的现象；二是题型不合理，大多数考试试卷使用的多为填空、简答、名词解释、判断、选择等客观性的试题，而综合性的思考题、分析论述题等主观性试题却很少，并且试题的答案多数是唯一的，能留给学生探索创新的机会少，偏离了职业教育能力体系的方向，因此，学生对现行考试方式的满意程度较低。

（三）评分标准单一，记分方式容易造成误导

大多数教师评卷时过于死板，完全按书本知识踩点给分，而对学生自主发挥的有创意的见解不够重视，抹杀了学生的创新意识。另外，记分方式大多采用百分制，过于追求精确化，容易把教学引入歧途，教师阅卷时把注意力集中在评分上，却忽视了对试卷和考试结果的分析，而学生的学习目的是通过考试，而考试的目的是获得高分。这样只能训练和鼓励学生死记硬背，往往那些应试能力强的学生能获得高分，而勤于思考、勇于探索的学生则得不到好成绩。这无疑使学生变得谨小慎微，缺乏创造性，只会围着课本和教师转，不能主动、生动活泼地开展学习，不利于培养有真才实学、有独立思考能力、富有创新精神的人才。

（四）缺乏"试后管理"，重成绩轻分析

高职院校的很多考试，任课教师和教学管理者均没有对考试的结果及成绩的分布进行分析和评价，没有从考试的结果中找出教学存在的问题，因此，无法提出改进教学的措施。学生考试只在意分数，也没有对自己的考试结果进行认真的自我总结、自我评价；也没有查明学习中的薄弱点和差距，找出自己的优势和不足；还没有发挥考试的监测和反馈作用。

（五）学生作弊现象屡禁不止

高职院校学生作弊现象屡禁不止的原因是多方面的，但主要由两个原因造成：一是由于考试内容大部分是教材的再现，试题的答案几乎全在教材中，为那些怀着侥幸心理，希望在考试中通过弄虚作假蒙混过关的学生提供可乘之机；二是由于考试成绩的高低，不仅直接关系到学生能否获得奖学金、是否能被评为"三好学生"，甚至是找工作的重要依据。这种做法形式上夸大了考试成绩的作用，使学生走入片面追求分数的误区，以至于为了得高分而不惜铤而走险；而且也是高校不断严肃考试纪律而作弊现象却屡禁不止的主要原因。

二、高职院校考试制度与能力培养

高职教育要改革现存考试制度中不合理的部分实现通过考试来"启发"和"引导"学生的"个性"与"创造力"。

（一）职业技能鉴定与技术操作能力的培养

高职教育是先进的科学、文化与职业岗位的实际需要相结合、面向一定的职业岗位培养高素质技术技能人才的教育，每个专业都有其职业针对性，并按岗位（群）的实际需要安排教学计划和职业技能鉴定。那么，应如何考核学生的职业技能的掌握程度及技术操作的能力呢？必须利用技术测量手段，测量其技术参数才能判定。如对电机修理的职业技能鉴定，要求学生对电机故障的诊断、拆线、计算、画图、绕线、嵌线、接线、浸漆、烤漆、检测等整个工艺过程独立完成，成绩主要依靠对其技术指标达到的程度进行评估。这种考试不仅鉴定了学生的职业技能，还促进了学生将所学知识转化为实际操作能力的速度。

（二）综合学科考核与三项专业能力的培养

综合学科考核就是打破以单科考试为主的方法，推行 BTEC（英国高职教学模式，即以能力为本位）和 CBE（加拿大高职教学模式，即以学生为中心），建立高职以专业能力为主的任务式"课业"考核新方法。课业完成以学生独立学习、运用专业知识和技能解决问题为过程，课业考核以实际专业应用知识和三项专业能力为主要内容，综合学科考核以转化和提高三项专业综合职业能力为目的。其中，三项专业能力是由专业设计能力、生产技术能力和生产管理能力组成，而专业设计能力的要求是懂得设计和能够局部修改原设计，专业生产能力是指通过综合实训、实践，使学生掌握所学专业生产技术所应具备的综合能力；专业生产技术能力也是根据岗位（群）分析所确定的综合能力中最为重要的综合能力项目，是实现高职培养目标中"实施型"和"技能型"的主要培养途径；生产管理能力是以管理科学生产技术为基础并有机结合而形成的生产管理技术与手段，如一些高职院校在公共课程中设置的生产组织、工程概预算、投标招标、质量控制、成本管理及产出等有关教学课程的考核，都是以增加三项专业能力培养力度为目的的。

（三）计算机和英语等级鉴定及其能力培养

高职院校考核计算机和英语这两门课程是为了学生掌握这两种基本能力，以利于在日益激烈的人才竞争中具有更大的优势。为提高学生的计算机应用能力，高职院校在考试内容上不仅应突出学生掌握计算机基础知识，还应逐渐使这些基础知识转化为熟练的操作能力、编程能力和熟练地使用高级应用软件解决本专业实际问题的能力；考核英语应以训练学生的听、说能力为突破口，以转化和提高学生的英语应用能力为目的。

（四）学术论文鉴定与创新及应用能力培养

学术论文是学生相关专业努力学习、刻苦钻研、充分发挥主体意识和创新精神的心得体会，科学合理的学术论文鉴定，既可能促进创新教育的实施，又可能促进学生创新精神、创新能力的培养，并且，学生知识的扩展、创新和专业应用能力的提高，都可以通过学生的学术论文反映出来。其中，知识扩展是相关知识的量和领域的延伸，知识创新是知识质的突变，知识的应用也是知识价值的实现、检验、发展的过程；而学术论文的鉴定更是学生知识扩展、创新和应用能力转化的本质体现。为使学生的知识得到扩展、创新，实用能力得到提高，高职院校既要不断拓展与学生所学专业有关而有用的新技术及其实际应用方面的知识，又要不断通过学术论文的鉴定来对学生进行科学思维方法的培养训练，如开展专业认识理论，逻辑科学、方法理论等方面的讲座等。

（五）社会实践评估与适应能力培养

高职教育培养的是高素质技术技能人才。其任务是在生产或社会服务的第一线，领导和组织把工程设计（广义的）、规划方案付诸实施。因此，社会实践相当重要，而且社会实践评估也是高职考核的一个重要组成部分，能促进学生身心健康和文化素质的提高，增强学生的心理承受及调节控制能力、社会活动能力、公共协调及管理能力。"教育过程中不仅要教给学生知识，更应该教给学生学习的方法和提高适应社会的综合能力"。高职院校社会实践（每年寒、暑假和在校期间的实践）评估的实施也能促使学生养成良好的思想品德素质、专业能力素质、培养其正确的世界观及辨别是非、善恶、美丑的能力。

三、高职院校考试制度改革

考试不仅是教学过程的重要环节，而且是检验学生学习质量的一种有效手段，还是检查教师教学效果、反映教学质量的主渠道，更是保障教学质量的关键。目前，高职院校都在关注和探索考试制度的改革，考试方式和方法的改革可以推动教学改革进程，因此，高职院校应围绕自身特色，积极地探索、尝试着考试制度的改革。

（一）打破传统的考试制度

细心观察不难发现，每当考试来临之前，高职院校各复印点挤满了复印笔记和作业的学生，同时，教室和图书馆均爆满，宿舍中到处是挑灯夜战的学生。学生们似乎正投入超过平时10倍的精力学习，真可以说是"废寝忘食"。为什么会产生这种现象？其原因有二：第一，考试内容中记忆性成分所占比重较大，学生通过短期突击学习的方式迅速提高对知识的记忆和使用信息的能力，以便应对考试。当然，掌握专业科目的知识及其他核心科目的一般知识是大学生继续学习及从事创造性工作的基础，也是大学生教育的重要目的之一，但考试中记忆性成分所占比重较大，就使得善于记忆和努力记忆的人获得好的分数，于是考试本身成了对死记硬背的一种鼓励。虽然这种考试能够考查出学生对理论知识的掌握程度，但不能全面衡量学生的能力和技能。第二，考试方式单一，针对性不强，一次定成绩。考试主要采取笔试的形式，学校统一组织，由任课教师命题，给出标准答案。学生已经习惯了这种考试方式，对他们来说，只要在短时间内记住教师平时给出的答案就可以了，平时根本不用学。对教师来说，无论在阅卷上，还是通过考试对教师教学质量的评价上都没有压力，这严重地束缚了学生创造性思维能力的培养。传统的考试一般只有期中和期末两次，期中考试占整个学期成绩的比例很小，甚至不列入总成绩。有的学校某些科目干脆没有期中考试，于是期末考试成了重中之重，出现了"毕其功于一役"的现象。学生平时轻松自在，考试期间压力很大，毫无学习的主动性。传统的考试注重理论的系统性和完整性，轻视对知识的实际应用。在实践考核中，仅通过实践报告就确定学生的成绩，至于学生的动手能力及独立操作能力如何则没有相应的考核办法。传统考试模式严重束缚和制约了教育、教学改革的发展，而且客观形势的发展、高职培养目标、学校办学宗旨都要求对传统的、僵化的考试模式进行彻底的改革和创新。

（二）树立现代考试观念

高职教育应重视学生的创新能力、实践能力和创业精神的培养，普遍提高学生的人文素质和科学素质，因此，形成以能力为中心，将素质教育观念内化于考试的考核评价体系是建立现代考试制度的核心。高职院校若要通过考试提高学生的知识运用能力、自学能力、分析和解决问题的能力、自我评价和评价他人能力及心理素质、协作精神、职业道德等，必须树立现代教育观、人才观和考试观，转变传统的妨碍学生创新精神和创造能力发展的教育观、考试观，不能单纯以课程和教材知识的难度、深度和考试分数来衡量学生成绩，而要把考试视为实现教育目标的一项有效手段，而不是教育目标自身。

（三）构建多种形式的课程考试体系

首先，高职院校要以能力测试和培养为中心，一是考试要紧密围绕能力进行，主要是职业能力和创造能力。一方面，考试是检验学生能力的手段；另一方面，通过考试力争使学生的能力有所提高，使考试成为培养能力的手段。二是考试要起到"导"的作用。一方面，对学生学习兴趣、学习方法、学习目的的引导；另一方面，对所测试的科目（课程）的发展动态，市场对知识和能力要求的趋向的引导。因此，考试的内容是至关重要的，要求教师紧密围绕课程大纲要求对知识、能力、素质进行分析细化，然后根据这些特征确定教和学的方法，再确定课程效果的评价方法和考核大纲。考试的内容应该能够反映学生基本理论和基本技能的掌握情况及分析与解决问题的综合运用能力，而不是课堂教学的简单重复；应多给学生提供探索的机会，鼓励学生独立思考、标新立异，有意识地培养学生的创新意识和创新能力，使考试真正能够对学生的知识、能力、素质进行全面测试和评价。

其次，高职院校要做到考试形式多样化。高职教育人才培养模式具有多样性、应用性、实践性、动态性特征。作为人才培养过程中一个重要环节的考试也应反映高职教育的特征，促进人才培养目标的实现。因此，走出传统单一的考试方式和方法，建立多样性、针对性、生动性、有效性紧密结合的灵活考试方式和方法，是现代高职教育考试制度改革的关键。考试不能只限于笔试，还应采取口试、实验、参与科研、实地调查等多种形式。考试可采用闭卷、开卷、论文、课程设计、实践报告、案例分析、上机操作等方式。课堂评价也是考核的重要方法，教师在教学活动中观察和记录学生的表现，可以通过面谈、正式作业、项目调查、书面报告、讨论问题、线上交流、公开辩论和写论文等方式对学生进行考查与评价。

（四）不断完善考试管理体制

科学高效的考试管理体制是实现高职教育目标的重要保证，是建立现代考试制度的重要组成部分。在加大考试管理工作力度方面，以下内容是必不可少的：

首先，要做好考务管理工作，健全课程教学大纲和考核大纲建设，实行"考教分离"。加强各类考试试题的题库建设，尤其是公共课、专业核心课和部分技能课的题库建设。提高质量，加大考试管理力度，重点抓好命题、制卷、监考、阅卷、评价、材料保存等工作环节的科学规范管理并理顺各部门之间的关系，严肃考风考纪，加强对考核人员培训，认真对学生进行考试教育，突出考试的公正性、严肃性和规范性，促使其达到预期目标。

其次，建立健全考试结果评价和反馈机制。对考试成绩要结合课程总结性考试和平时考核进行综合评价并逐步加大平时考核成绩在总成绩中的比重，实行百分制、等级制和与评语相结合的综合评分方法。与此同时，还要建立考试结果分析，总结教学经验教训，纠正问题，提高教学质量的有效反馈渠道和沟通机制。

第七章 高职院校教学管理创新

第一节 高职院校教学管理创新构成

技术技能是经济社会和科学技术发展的基础,而高素质技术技能人才是发展先进制造业的重要力量,是促进经济转型升级和产业结构调整的中坚骨干。高职院校只有围绕提升高素质技术技能人才的学习能力、实践能力和创新能力进行系统教育创新,认真实施国家高技能人才培训工程和技能振兴行动,才能走出一条具有中国特色的高职教育发展创新之路。具体来讲,高职院校教学管理创新主要包括以下几个方面。

一、高职院校办学理念创新

高职院校要紧贴市场并以企业为母体,追求卓越,创建人才高地和技术技能高地。高职院校的视野应覆盖三个市场——人才市场、技术市场和商品市场;高职院校要抓住三类知识点——科学技术知识点、熟练技能知识点和创造技能知识点;高职院校要培养学生三种基本能力——科学思维能力、熟练操作能力和创造思维能力;高职院校要在教学上实现三个化——理论教学实例化、实验教学模拟化和实习教学综合化;高职院校要在对外联系上建立三个联谊会——校企联谊会、校技联谊会和校校联谊会,要与企业人力资源处、技术人员和经验丰富的技术工人及中学建立密切的联系;高职院校要生产三类产品——人才"产品"、知识产品和物质产品;高职院校要重视三项基础建设——硬件建设、软件建设和师资建设;高职院校要围绕三个节——科技节、文化节和体育节,开展第二课堂活动。高职院校要推进全面素质教育,面向现代化、面向世界、面向未来,使受教育者坚持科学文化与加强思想修养的统一,坚持学习书本知识与投身社会实践的统一,坚持实现自身价值与服务祖国人民的统一,坚持树立远大理想与进行艰苦奋斗的统一。

二、高职院校师资队伍建设创新

从高职院校师资队伍建设的角度来讲,在我国,高职院校师资可以分为文化理论教师、技术理论教师和技能实习教师。技术理论教师和技能实习教师是与一定的技术技能专业相联系的,属于专业教师。专业教师的业务素质必须是三元结构,即教学人员+技术人员(或管理人员)+技能型人才。每位专业教师都必须集这三类人员的主要能力于一身。高职院校必须制定教师业务培训规划和制度,每位教师都要"教到老、学到老",要制订业务水平提高计划。由于教师的教学与培训在时间上是一对矛盾,可采取以业余为主的多种形式培训方法。例如,短期讲座培训、业余自修、半脱产进修、全脱产进修、业余搜集编写教学实例和教材、到工厂车间从事生产技术实践、解决生产技术难题等,同时,充分发挥兼职教师的作用,建立一支专职和兼职相结合的教师队伍,从而使高职教学与工厂企业的最新生产技术同步。由于专业教师的业务素质具有三元结构的特点,因此,其工资收入一般应高于普通教师和工程技术人员。学校应对教师的教学、教研、科研等工作情况进行考绩,并据此建立一套奖罚制度、聘用晋升制度、津贴制度。要注意培养一批理论学科、专业技能和专业双师型带头人,特别要在青年骨干的教师中进行选拔培养。在此基础上,高职院校应建立全校性的"技术技能委员会"并吸收校外专家参加,负责讨论决定全校的教学、教研和科研工作。

三、课程模式与课程结构创新

课程模式具有时代特点,与社会当时的科技经济和生产工艺水平是相联系的。在高科技时代,高职院校的课程模式应是学科模式与活动模式有机结合的综合模式;在理论学习阶段,要以"学科"为中心,围绕理论知识展开,辅以相应的生活生产实例;在技能实习阶段,要以"技能"为中心,围绕实训课题展开,用到什么理论就学什么理论。无论在哪个阶段,都必须强调理论与实践的密切结合。高职教育的职业针对性很强,课程结构必须紧贴市场需求,做到既有符合教学规律的稳定性,又有符合市场需求的灵活性,岗位技能直接指向企业的需求。这样,高职院校就必须对高素质技术技能人才进行个性化培养。

四、高职院校教材建设创新

"积木化"的创新策略在信息技术领域(如计算机硬件和软件采用积木化结

构)、机械制造领域(如组合夹具和组合工艺)得到广泛应用,在高职教材建设中,必须紧扣人才目标的知识和能力结构,采用"加—加、减—减、变—变"的"搭积木"的创新策略,具体内容包括以下三个方面。

(一) 构建比较稳定的专业学科教材群

专业学科教材群的构建要依据"够用、必须"的原则,考虑实用性(技能知识点,即如何干)和必要性(科学技术原理知识点,即为什么这样干)。学习是一个循序渐进的过程,技能知识点的牢固记忆和灵活应用,必须建立在理解科学技术原理的基础之上。学科内容要以国家职业技能鉴定规范(考核大纲)和当地生产技术状况为基准并参阅职业技能鉴定指南和一些发达国家的相应教材,根据技能知识点的要求来决定学科知识点的取舍,并适当兼顾学科内容的系统性。学科知识点内容讲述的详略,对于不同岗位要区别对待。要征求各实习教师、工厂专门人才和经验丰富的老专家的意见;要明确各学科教材的配套硬件(如实验仪器)、软件(如实验报告、试题库)、师资、教学时间和教学成本。

(二) 构建专业技能积木教材群

高技能人才必须"一专多能"。如获得"数控车床高级工"资格的人员,操作数控车床的技能要达到高级工水平,同时,掌握钳工、电工入门技能及普通车床初级工技能和一定的计算机操作技能。"一专"是指主工种技能,"多能"是指相关工种技能或其他能力。入门技能要求比初级工技能低,培训时间不必要太长(一般两周左右)。要确定各技能积木(基本实训课题)的配套硬件(设备和工夹量刃具)、软件(课题零件图册)、师资、考核标准、培训时间和教学成本。高职院校可向社会公布技能群"菜单";而需求单位则可根据岗位特点,对高职院校提出"点菜"培训清单。

(三) 开发个性化实例积木教材群

在机械制造领域,运用积木化设计思想后,新产品不是由新零件构成的,而是由通用积木(占多数)和专用积木(占少数)组合而成的。在高职教育领域,开发新专业、新工种、新岗位的教材,同样可采用这种"搭积木"策略。上述专业技能积木教材属于通用积木教材,是"活动中心"积木教材。为适应特定的培养目标,高职院校必须开发个性化技术技能积木教材。如"问题中心"积木教材和"能力中心"积木教材。实例积木教材可博采众长,教学目标可具体指向管理、操作或维修某个特定的技术生产系统或某种特定的技术设备。近年来,劳动出版社出版了两本具有技术技能特色的"能力中心"教材:《工程力学机械应用实例》

(其中共有 119 个实例)和《电工学机械应用实例》(其中共有 107 个实例)。从学科知识点出发,相应编写有关应用实例,从而架起一座从科学技术理论通往机械实践的桥梁。高职院校教师可以根据最新技术动态搜集编写实例,传授最新技术技能知识,然后,根据教学实践讨论制订相应的课程标准和教学大纲,指导新教材的开发。这种"实例→大纲→教材"的步骤,可使高职院校的教学内容与企业的生产技术发展同步,甚至可适当超前。

五、教学方法与方式的创新

(一)高职院校教学方法的创新

从教学方法来看,目前适合于高职院校高素质技术技能人才的综合教学方法主要有理论教学实例化、实验教学模拟化、实习教学综合化等。如在"理论教学实例化"方面,上好工程力学的"力偶"这一节,可按照生活实例→理论知识→应用实例这样的过程组织教学。先介绍汽车驾驶员用手转动方向盘、拧水龙头、玩竹蜻蜓等生活实例,形象地引进"力偶"概念;再介绍力学中力偶的定义、性质等理论;最后把理论应用到生产实际中。对于高层次的教学,除通常的课程设计和毕业设计外,高职院校教师还要亲自带领和指导学生研究解决生产和技术实践中出现的各类课题。如维纳在创立控制论过程中,曾在清华大学内负责过一些教学研究任务。他采用的思维显露教学法是值得借鉴的。他一边讲解一边在黑板上给学生演算控制论的数学模型,错了就擦掉重来,学生能清楚地"听到和看到"维纳的思维过程。总之,教学方法的创新有利于高职院校教学质量和教学效果的提高。

(二)高职院校教学方式的创新

从高职院校教学方式来看,高职院校教师要使用多种教学媒体,在教学方式上不断实现创新。教学媒体是传递教学信息的载体,分自然语言媒体(教师的教学语言)、符号图画媒体(板书、文字教材、挂图)、教学实物媒体(实物、教具、实验仪器等)和以电子、声学、光学、磁学技术为基础发展起来的电子传播媒体(语音室、影碟机、多媒体计算机等)。前三类为传统教学媒体,后一类为现代教学媒体。对于高职教育来说,不仅是现代教学媒体可以在课堂里再现专业生产岗位的情景,而且通过播放具有高超技艺名师执教的音像片,也可带出更多的"高徒"。

六、高职院校教育组织创新

从教育组织创新的角度来讲,高职院校培养的人才主要是为工厂企业服务的,使人才的培养具有针对性和适应性,是高职院校考虑一切问题的出发点和归宿。为加强高职院校与工厂企业的联系,可组建高职院校与各工厂企业人力资源处的"校企合作联谊会"。通过校企合作联谊会,高职院校可组织教师参观各工厂企业,派遣教师到工厂企业进行生产、技术实践并协助解决生产和技术上的难题;可安排掌握了基本知识和技能的学生到工厂参加生产和工作,为学生和工厂企业之间的双向选择提供机会;可经常了解毕业生的思想状况,并对其不足之处进行指导;可邀请各工厂企业的工作人员来校活动,让他们全面了解学校办学情况、检阅学校教育的成果,并争取他们的帮助和指导;还可以及时掌握各工厂企业对人才的需求信息,为毕业生顺利就业创造条件。为使学生及时掌握新材料、新产品、新工艺、新技术的发展动态,高职院校可同时开办一些短线专业,与工厂企业的技术人员和技术工人建立"校技联谊会",聘请学有专长的技术人员和经验丰富的技术工人作为高职院校的兼职教师,也可聘请企业退休技术人员,他们的知识和技能是高职教育的宝贵财富。高职院校的生源主要是中学毕业生,吸引具有职业兴趣并有潜在职业能力的中学毕业生接受高等职业技术教育以提高教育的效率是学校必须考虑的一个重要问题。高职院校可与附近的或有关的中职学校成立"校校联谊会",通过校校联谊会向其介绍高职院校的办学情况及其毕业生的分配情况,也可邀请中职学校的教师和学生参观高职学校,向中职学校辐射职业技术教学,推动中学中职的教学改革。

第二节 教学创新与学生创新能力培养

教学效果不仅受教师教学方法、教学内容及教学手段的影响,在很大程度上还与学生本身密切相关,作为以技术技能的形成为主要培养目标的高职教育尤其如此。可以说,高职院校教学的创新效果在很大程度上受制于学生的创新能力,因此,高职院校的教学创新还包括学生创新能力的形成和培养。

一、高职学生创新能力培养的重要性

创新是社会进步的源动力,是国家兴旺和民族强盛的重要保障。21 世纪是知

识经济时代，国际竞争主要体现在创新人才的竞争方面。高职院校作为培养高素质技术技能人才的重要场所，担负着技术技能创新型人才培养的历史重任。高职学生的创新能力强弱，直接影响着应用技术领域创新水平的高低，也影响着高职教育和教学的效果。因此，高职院校应该把培养学生创新能力作为整个教育改革和教学创新的核心。

目前，由于受传统中小学教育体制影响，我国高职院校学生创新能力普遍比较低。这主要表现在以下几方面：第一，缺乏创新观念和创新欲望。高职院校学生虽然不满足于现状，但往往缺乏行动的信心和勇气。第二，缺乏创新的毅力。高职院校学生虽然认识到毅力在创新活动中的重要性，但在实际工作过程中往往不能持之以恒。第三，缺乏创新所需的能力。有些高职院校学生渴望创新，但不知道如何创新。他们的直觉思维能力、逻辑思维能力、联想思维能力、发散思维能力、逆向思维能力等还都有待加强，亟须加强培养和锻炼。创新活动是厚积薄发的实践活动，要求高职院校具有相当的能力和知识积累。除在学校学到的理论知识外，社会实践活动也是知识积累的重要途径之一，而高职院校学生尤其欠缺理论联系实际，从而导致对理论知识的理解缺乏深度，创新能力严重不足。

高职教育中许多专业的产生和发展本身就是创新的结果，若离开继续创新，专业发展就是一句空话。社会上对高职教育许多新兴专业有不同理解，存在着专业不对口的顾虑。在这种情况下，高职学生没有创新能力就等于没有就业能力，更没有发展潜力。因此，创新能力对高职学生来讲，尤为重要。

二、高职院校学生创新能力的组成

高职院校学生的创新能力有着丰富的内涵，具体来讲，主要包括以下几方面内容。

（一）创新思维

创新思维本质上是由发散思维和逻辑思维组成的，有三个基本特征：变通性，是指对事物能够随机应变，触类旁通，不受各种心理定式的影响；流畅性，是指对事物反应迅速，在短时间内可以产生出各种不同念头；独特性，是指对事物能够有不同寻常的见解。逻辑思维是依据已有的信息和各种设想，朝着问题解决的方向，求得最佳方案和结果的思维操作过程，逻辑思维一般包括演绎思维和归纳思维两种方法。发散思维在很大程度上属于想象力和直觉思维，不是依据确切的逻辑推理，而是凭着个人直觉对事物和现象做出推断的。爱因斯坦就认为想象力比知识更重要，因为知识是有限的，而想象力则可以概括世界上的一切，并且还是知识进步的源泉。直觉思维的成效取决于人对事物的洞察力和理解力并与思维者知识经验的丰富程度有密切关系,可以促使人们以最简捷的思维方式达到最佳思维效果。

总之,逻辑思维强调对已有信息和知识的理解和运用,而发散思维则强调对未知信息和知识的想象和假设。逻辑思维和发散思维是相辅相成和对立统一的,组成了个人创新思维的基础。批判思维是指个人对某一事物或现象长短利弊的评断,批判思维要求人对周围的人和事物不断形成独立见解,是促使人们不断破除种种功能固着和思维惯性的关键,批判思维既是一种思维能力,也是一种人文精神。人们对所学知识的不断质疑,不仅可以锻炼思维能力,而且还可以培养创新精神。

(二) 创新人格

若要提高一个人的创新能力,还需要培养与创新有关的个性特质,主要包括意志力、观察力、乐观、独立、幽默、有社会责任感等人格品质。美国心理学家托伦斯在对创造性学生行为特征的研究中发现,拥有创新人格的学生具有如下共同特征:好奇心,即不断地提问;思维和行动的创造性;思维和行为的独立性或个人主义;想象力丰富,喜欢叙述;不随大流,不过多依赖集体的意志;主意多;喜欢做实验;顽强、坚韧;喜欢虚构,富于幻想。

(三) 创新智慧

创新智慧泛指个人认识客观事物规律并用以解决问题的能力,是人生经验的高度凝聚。创新智慧可分为两种:一是哲学性智慧。在东方哲学中"中庸""无为""因变""兼爱"和"全胜"等思想皆为某种处世的高度谋略。二是经验性智慧。经验性智慧来自具体的创新实践活动,可以帮助创新者在尽可能短的时间内获得最大的创新成效,如"变通智慧""矫枉过正智慧""人和智慧"等。

(四) 创新方法

创新方法是指人们分析问题和解决问题的具体步骤。它既是人们创造性活动的主要工具,也是创造性活动的重要内容。不囿于他人的固有方法,好的创新方法不仅可以使调查研究结果更加科学准确,而且还可能使科学研究成果与众不同。

三、阻碍高职院校学生创新能力培养的教学因素

阻碍高职院校学生创新能力培养的教学因素主要有以下两个方面。

(一) 重共性而轻个性

传统教育模式是一门课、一个教师、一本教材、一样难度、一个进度，无法顾及学生的个性化要求。近几年，在高校扩招和教育资源短缺的情况下，这种现象更为普遍。思想个性化的创新精神被思维标准化所替代。思维标准化对学生独立思考的破坏作用可分为三类：（1）功能固着。功能固着指学生将某种对象的功能或用途看成固有不变，是思维缺乏灵活性、独创性的突出表现。如学生习惯"一题一解""一问一答"的思维惯性，缺乏"一题多解""一问多答"的思维变化。（2）迷信权威。学生绝对相信所学过知识的正确性，没有批判意识，严重压抑问题意识，阻碍创新能力的发展。（3）思维惰性。思维惰性是标准化思维的另一后果，可以使学生不愿也不善于对学习内容作深入而进一步的思考。考试考的就学，不考的就不学。这种功利性的教学不但养就了学生思维惰性，也奴化了学生的人格，从而阻碍了学生创新能力的培养和形成。

(二) 重传授而轻探索

在实践中，高职院校往往只注重教会学生知识，而缺乏让学生在犯多次错误后归纳知识要点的勇气，即只注重学生的学习结果，而轻视学习和探索过程。学生由于缺乏必要的探索，最终导致所学知识毫无活力。知识缺乏活力的表现之一是学生对所吸收知识缺乏综合联想能力，不能融会贯通。学生机械、片面地看待各科知识结构，即"只见树木不见森林"，对自己专业以外的知识持敌对态度，对跨专业的理论设想甚至嗤之以鼻；知识缺乏活力的表现之二是学不致用，学而无用。如果知识是死的，便毫无用途，不仅会使学生很快淡忘所学过的知识，更将使他们疏于学用结合的练习，滋长思维惰性。一个人对所学知识运用得越多，其知识活力就越强。在当前教育模式下，学生在学习过程中仍完全处于被动地位。"学习为了考试，考试为了升学""上课做笔记，考试背笔记，考过扔笔记"。这种学习方式毫无真正价值可言，因此，重传授而轻探索的教育教学方式阻碍了高职院校学生创新能力的形成和培养。

四、高职院校学生创新能力的培养途径

高职院校学生创新能力主要可以通过以下途径来形成和培养。

(一) 从教学内容上培养学生创新能力

高职院校学生的主要学习内容可以归结为以下几方面：①思想品德和人格修养；

②专业基础知识；③方法技能；④拓展和创新的内容。为促进高职院校学生创新能力的形成和培养，对以上四方面内容，高职院校教师应做到：思想品德和人格修养要多讲，专业基础知识要详讲，专业方法技能要创造性地讲，拓展和创新内容要引导着讲。思想品德和人格修养内容，在课上要讲，班主任和辅导员要讲，专业授课老师也要讲。努力营造一个无论何时、何地都有利于形成健全人格的高校环境。在这种环境中，学生能学到的不仅有专业知识，而且更有创造精神的理念。专业基础知识是学生从事创造性活动的主要工具和基本前提。学生专业基础知识掌握得牢固与否，直接关系到学生创新活动的成败，因此，教师要详细讲述专业知识，鼓励学生以各种新方式进行学习，直至学会。专业方法技能同样是学生从事创造性活动的主要工具和重要内容。方法技能要创造性地讲，不能古板地传授，要让学生多学多练，鼓励他们开发和使用新方法。拓展和创新内容不需要教师讲，需要教师和学校为学生提供必要的环境，让学生在这个环境中自主、大胆地发明创造。在管理方面，教师要做到压力和支持并存，过程和成果并重。一方面，适当给学生以压力；同时，要在活动条件和时间上给予支持。另一方面，学校和教师还要有这样观念，即学生若取得一定成果固然好，即使未取得任何成果，这种创新学习过程也有重大意义。

（二）从教学方式上培养学生创新能力

关于从教学方法上培养学生的创新能力方面，许多学者已经提出各种各样的观点。目前高职院校的教学方法主要可归纳为以下几个方面：

（1）竞赛教学法。这种教学方法论述虽不多见，但竞赛式教学是培养高职学生创新能力的有效方法之一。如开封大学管理学院电子商务专业学生参加了两项大型竞赛，其一是人社部组织的电子商务创业大赛团体赛；其二是开封大学管理学院组织的ERP沙盘模拟赛。在电子商务大赛中，每组学生完成了近万字的网店计划，最后又形成近万字的网店总结。这些文章格式和内容，课堂上教师没讲过，相关实验也没有做过，但是学生通过自己查询资料、自己设计，很顺利地完成了任务。总之，高职教育的许多科目可以通过竞赛的方式去组织教学，既可以锻炼学生学习能力，又可为解决实际问题提供一些思路，有的创新成果还具有一定实用价值。在竞赛式教学过程中，学生通过参与活动而获得的能力锻炼比取得具体成果重要得多。

（2）活动教学法。活动教学法就是通过开展特定的教学活动或者讨论来强化学生的创新意识和能力。活动教学可在课堂内举行，也可在课堂外举行。如教师可以给学生布置一项任务，让其参与一项具体的网络企业申请或经营活动等。

（3）实验模拟教学法。实验模拟教学法利用各种实验模拟软件进行情景模拟是高职教育的重要手段之一。这种教学法可以充分调动学生的学习热情,让学生有童心回归的体验感。

(4)案例教学法。案例教学法就是通过对具体事例的讨论、分析来提高学习成效的方法。这种方法前文已讨论很多,此处不再赘述。

实践证明,教学方法的创新,能在很大程度上提高高职院校学生的创新能力。

(三)从教学保障体系上培养学生创新能力

在教学保障体系方面,高职院校应通过主要做好这样几项工作来培养学生的创新能力:

(1)提倡有利于培养学生创新能力的授课模式。授课模式应着力解决学生能力培养问题,而不应该过多地束缚于学科知识体系的完整性。"讲一、练二、考三"的教学原则强调的就是让学生发挥能动性,让教师要在设计更好的激励方法方面多花费精力。如技术性较强的课程,可以给学生多留些时间搞课程设计,让学生在设计中学会学习。

(2)加快实验室建设步伐。高职院校各专业的实验室建设水平的高低关系到学生实际能力培养的效果的优劣。作为实践性很强而技术水平又较高的专业,没有一个像样的实验室恐怕培养不出像样的学生。由于现在许多高职院校的实验室建设还不尽如人意,因此,加快实验室建设是高职院校学生创新能力培养的一件大事。

(3)培养具有创新精神的教师队伍。教师是学生的榜样,教师只有自身具有较强的创新能力和创新精神,才能促成学生创新能力的形成和培养。

(四)从业余活动上培养学生创新能力

在创新能力的培养上,我们绝不能忽视学生业余活动的组织。由于地域发展不均衡和思想观念局限性,经济欠发达地区的高职院校组织业余活动范围较小、活动方式较少,需要从教学和管理两方面加以研究解决。通过内容丰富、方式多样的业务活动,高职院校学生的创新能力、组织策划能力得到了很好的锻炼,在为社会提供了各种服务的同时,也培养了学生的动手能力和实践能力,从而有利于学生创新能力的形成和培养。

第三节 我国高职院校教学创新

在计划经济体制下,我国的人才培养方式是统一招生和统一分配,人才培养的标准以是否满足国家计划为准。如今，在市场经济体制下，人才是通过市场来配置的，人才的价值要在市场中得到检验。以人为本应当成为现代教育的基本理念，因此，在培养模式上，高职院校必须考虑社会需要和学生自身发展的统一。

一、我国高职院校教学模式的创新

（一）教学模式创新的必要性与教学模式改革策略

1. 高职院校教学模式创新的必要性分析

教育是为社会服务的，社会需求的变化必然导致教育目标的变化，而教育目标的变化又导致教育方式和方法的变化。

随着经济体制的转变和产业革命的进行，工作需求变化很大。很多原有工作岗位消失，而很多完全不同性质的新岗位产生，而且，在市场经济条件下，工作需求几乎每时每刻都在变化。传统的高度专门化人才培养模式已不再符合市场经济情况下的人才需求，不仅专业方向的设置不合理，而且学生的适应能力也成问题。环境的转变要求高职院校学生必须具有强大的适应能力，以适应不断变化的就业需求，他们的知识不能仅仅局限在极其狭窄的方向上。为此，必须坚持人才培养与社会经济需求相结合，转变刚性的高度专门化专人才培养的局面。新教育的目标是培养具备一定理论基础，同时，具有较强实践能力和广泛社会适应能力，能够快速投入工作中的技术人才。

为达到这一目标，新的培养方案可以围绕理论与实践两条主线，应注重培养学生的实践能力和创新能力，以增强学生的社会适应能力。

2. 我国高职院校教学模式改革策略

首先，从适应现代市场对人才的多层次要求出发，高职院校可进一步拓宽专业知识面，加强相关课程的建设。强调应用数学能力、专业英语应用能力的培养。另外，为突出信息时代对经济类人才的需要，高职院校还应加强计算机、人工智能类课程；同时，为适应激烈竞争的社会，高职院校也可以开设心理课程以提高学生的心理素质。

其次，在专业拓展模块中，高职院校应根据市场需求及时做出调整。高等教育不同于中等教育，学生具备一定的自学能力后，高职院校可以在专业拓展模块中多开设一些课时较少、涉及面广的课程，以增加学生的信息量和社会适应力。

再次，"引进来、走出去"，高职院校应充分利用社会资源并定期邀请一些行业专家和知名学者进行专题讲座，开拓学生的思路。

最后，高职院校要注重对学生获取知识和创新能力的培养，加强学生在实践中的科研能力，如组织学生参加教师的科研项目，开展学生论文评比活动，加强学生毕业论文的指导和管理。

（二）高职院校新型培养模式的实施

1. 新的专业方向的确定

在专业设置过程中结合市场需求，高职院校对将要设置的专业进行充分的市场需求分析，针对社会职业岗位群设置专业方向。高职院校初创时期，专业设置时，一般是照搬传统高校的专业设置方法进行的。现在，高职院校可以通过对社会现有专业人员能力、知识结构的分析，根据社会对相应专业需求数量、素质要求、专业特色等，设置不同的专业选修方向。

2. 构建新型的教学计划体系

为适应社会需求，使培养计划具有一定的灵活性与针对性，高职院校需要对培养目标进行准确的定位。高等职业教育发展至今，培养应用型高技能人才已成为众望所归，即在达到专科教育基本要求的基础上，强调实际应用能力的培养和学生自主学习能力的提高，以满足学生对个性化发展的需求。

3. 课程设置的模块化

按照模块化的思想，调整优化教学计划。课程设置可以由通识课程模块、专业群必修模块、专业核心模块、专业选修模块、拓展模块组成。其中，通识课程模块包括必需的文化素养、政治素养、身体素质类课程；专业群必修模块包括专业群共同的必修课程；专业核心模块包括本专业的关键性必修课程；专业选修模块是针对未来的专业方向和职业岗位群，设置的不同方向的选修课程；拓展模块提供了大量的边缘课程、x 证书项目等供学生选择。

4. 双纲双线的教学培养体系

当前，高职院校大多不具备招收本科学生的资格，只能与高校合作开设本科专业。在合作期间，高职院校基本全盘采用对方的教学计划，从而继承了普通高校强调基础理论教育的传统，忽视了对本校学生将来实际工作需求的考虑。一旦拥有了自主的本科办学资格，高职院校可以根据自身实际情况，采用双纲双线的教学培养体系。双纲双线的教学培养体系是指理论主线和实践主线并行，理论教学大纲与实践教学大纲同步实施，共同培养具有较强实践能力的应用型人才。

5. 扩大专业选修比例以提高适应能力

高职院校开办早期，由于受条件限制，一般只设置单一专业方向。学生按某一固定专业方向入学,完全没有选择余地。随着高职院校办学条件的发展和市场人才需求,有些专业设置多个专业方向,以适应社会的发展,让学生拥有一定程度的自主选择权,但只能在确定的教学计划中选择某一专业方向的固定课程组合。专业设置强调课程设置的专业性,而不太考虑学生面对就业市场所需的灵活适应能力。条件成熟后,课程设置上不仅要考虑培养学生的专业技能,而且还要充分考虑市场需求的变化导致学生就业形势的变化,将学生行业适应能力的培养置于中心位置,以扩大专业任意选修课的比例,实现专业课程整体结构优化,使其具有一定的弹性。另外,不再把学生缚在固定的专业方向上,而是可以自由选择课程,学习更广泛的知识和技能,从而具有更强的社会适应能力。

6. 任务驱动式教学模式

任务驱动式教学模式是一种建立在建构主义理论基础上的教学模式。20世纪90年代,任务驱动法在国际技能类教学中开始使用。该方法是指在教师指导下,学生通过感知、体验、实践、参与、合作等方式实现任务的目标,感受完成任务的成功经验和要素,形成知识与技能。如统一授课后,将学生分成几组,由"双师型"教师、用人单位专家等组成指导教师队伍,分别带各组学生进行实际上岗训练。每个教师带领4~5个学生组成一个项目组,直接参与会计师事务所的企业审计工作。指导教师担任项目负责人,每个学生各分派一些具体科目去进行审计。进入另一家企业后,学生再换一些审计科目。几家企业审计工作完成之后,指导教师可适当放手,选拔一些比较出色的学生担任项目负责人。该模式设计真实的、具有挑战性的、开放的学习环境和问题环境,诱发、驱动并支撑学生思考和解决问题,提供机会并支持学生对学习的内容和过程进行反思。学生完成学习任务的过程,是一个不断提出问题、解决问题的过程。

7. 参与分享与合作交流教学模式

参与分享是一种追求人本化的培训理念的教学模式,合作交流主要是变静态模式为动态模式,为学生交流、合作提供充分的机会。为此,高职院校可以在相当一部分课程中设置实践环节,要求学生根据案例,结合相关理论知识,经过"独立思考—小组讨论—课堂讨论—教师评价"这一操作程序,既增长了学生的知识和能力,又培养了他们的团队精神和解决问题的能力,同时,对于相关课程也完成从感性到理性、从理论到实践,再由实践到理论的飞跃。

8. 案例教学模式

案例教学是一种结合实际案例,通过背景介绍、具体案例分析,由个别到一般,让学生进行归纳,提高学生的学习积极性的模式。为此,高职院校可以以专题的形式,开设既联系实际,又具有一定拓展空间的专业课程。

9. 现场诊断教学模式

现场诊断教学模式可以充分突出高职院校的特色，邀请专家到场讲授行业最新发展趋势并开展有关职业的培训，然后安排学生到不同企业去参与实践和调研，在现场发现问题并运用所学知识去解决问题以改变学生被动听讲的状态，提高其应变能力。

10. 构建"双师型"师资队伍

师资队伍的建设是保证教育健康发展的关键环节，加强师资队伍建设就是要紧密结合高职教育专业建设和人才培养模式改革的指导思想，不断进行教学改革与创新，提高教学水平和教学质量，使教师具备培养符合社会需求的高素质技术技能人才的能力。普通高校教师注重理论研究，偏重于理论研究能力，而作为高职院校的教师，则注重应用理论研究，偏重于职业技能、实践经验和专业技术的应用能力，因此，具备较强的专业技术应用能力和丰富的实践经验是最基本的要求，同时，高职院校还需要建立兼职教师队伍，积极引进相关企事业单位中有丰富实践经验和教学能力的专业人士做兼职教师，他们给学生带来岗位第一线的新技术、新知识、新工艺及社会对从业人员素质的新要求。

11. 构建校内外实训实习基地

实践教学环节是高职教育的重要环节，是获取知识、培养能力的重要步骤。实训实习基地是实践教学环节的重要组成部分，高职院校应根据专业教学的需要、课程建设及教学改革的需要而建设。高职院校可以根据专业设置和教学流程建设相应的校内外实训实习基地，以其科学性和实用性培养学生分析问题、解决问题的能力，团结协作能力和创新能力，保证学生学有所用、学以致用、以用促学。

12. 构建以能力考核为核心的考核评价体系

高职教育需要特别注重对学生能力的考核，以此作为构建以能力为核心的课程建设的一个支撑点。能力是一种对环境、对社会的适应力。对学生能力的培养，不仅仅局限于传授技能，而且更应教会学生如何获得能力，以提高他们对社会激烈竞争的适应力。能力的培养应该是多层次的，一方面，学生在系统掌握科学知识的同时，可以发展观察能力、综合分析能力、抽象能力；另一方面，学生在平时具体的学习或生活体验中，还应注意培养一些特殊的能力，如专业活动的能力。

基于以上认识，高职院校需要改变过去对学生只通过学校评估体系考核的方法，要更加注重对应用能力、团队协作能力、创新能力的考核，同时，引入社会评价体系，通过对学生就业情况、实际工作能力、适应社会需求及受欢迎程度来判断办学质量及办学水平的高低。

二、我国高职院校课程改革与创新

任何理想的课程方案都必须能在教学中有效执行，才算真正成功。"教学策略"就是依据特定课程方案的要求，策划在教学中的实施途经、方法和手段。它是从课程方案到教学实施的重要中间环节；在课程理论中，它是课程模式、目标、内容和结构开发之后的对于课程活动方式的设计，通常称之为"教学建议"。因此，不断更新的课程模式的实施，必须配以教学策略的创新。

（一）高职院校必须加快课程改革

回顾我国高职教育的发展历程，在课程改革上，曾引进国外不少成功的课程模式，如德国"双元制"、加拿大"CBE"（以能力培养为中心的教学体系）、澳大利亚"TAFE"（技术和继续教育）等。这些对于高职课程观的转变起到了很大的作用，然而在具体的实施中效果并不理想。究其原因在于实施的环境变化之后，未能完备地满足上述这些模式要求的基本条件，也就是教学策略的设计没有结合我国的客观条件予以创新。如目前在高职院校中开始得到青睐的项目课程，正如华东师范大学职业教育与成人教育研究所所长石伟平教授所指出的："项目课程并不是一个全新观念，职业教育中有，高等教育、基础教育、幼儿教育中也有；今天有，过去也有；中国有，外国也有。"所以，培养面向不同地区、不同生产技术发展水平、不同企业职业人才的高职院校，实施项目课程就应有不同的教学策略设计。

高职教育肩负着为培养生产、建设、管理、服务第一线急需的高素质技术技能人才，特别是现代制造业、现代服务业紧缺的高素质高技能专门人才的重任。当前，转变传统以传授知识为主的课程模式，确立符合生产一线要求的职业和技术能力为主的新课程模式及开发能促使学生乐学、会学和有实效的课程与教学模式，成为各高职院校教学领域改革的主流模式。这类新课程模式所要求的课程活动方式，有两个要素：一是产教结合，以提供形成能力的必要背景和条件；二是主体转移，由教师的知识传授为主，变为学生主动学习活动为主。即要求教学与企业的生产实际紧密结合，变灌输式教学为指导式，倡导学生为主体、职业活动项目导向的教学，努力提高学生学习积极性和实效性，因此，理想的课程活动方式必须依靠企业，实施以职业实践活动为导向的主动性学习。

（二）多媒体课件的开发与应用

多媒体课件具有较强的表现力和重现力，能起到传授知识、培养学生自主学习能力和习惯的作用。但是目前正在大量使用的课件还只是停留在用 PPT 制作一些章节目录、授课提纲和大量文字及一些图解文字的动画层面，上课时把它投影到屏幕上，然后再稍加发挥。这种"课本搬家"式的课件已不适应高职教学的要求，与生产实际有较大的差距，必须加以改革。高职院校教师制作的课件必须能让学生熟悉今后工作的设备、仪表、检测技术的应用，要让多媒体课件不仅是教材的补充和拓展，而且是自主学习的重要工具。

21世纪是"互联网+"的时代。网络教育以多媒体、超文本的方式来呈现各种教学信息，具有传播面广、声音图像清晰、画面生动、色彩艳丽、形象逼真具体的特点，可以呈现文字教材难以展现的知识内容。我们不但在课堂上使用新型课件，还借助于网络技术，将制作好的所有章节的课件"挂到"专门建立的教学网站上，配以授课录像，这样不仅可以给学生提供一种"自主学习"的条件和体验，还可让全社会的学习者共享。

三、我国高职院校教学创新策略

为适应和满足经济社会发展的需要，我国把职业教育的发展放在了一个空前的高度。2019年，《国家职业教育改革实施方案》明确指出："职业教育与普通教育是两种不同教育类型，具有同等重要地位"。有了国家和地方政策的大力支持，高职院校面临着前所未有的历史性机遇和挑战，因此，其若要创办自己的办学特色，提高人才培养的质量，提高学生的就业率，就必须重视教学改革与创新。高职院校教学改革与创新的成功与否由诸多因素共同决定。教师是教学的实践者和实施者，在职业教育的改革与发展中起着尤其重要的作用，因此，每个教师都应针对高职教育的目标和特色，与时俱进，在教学活动中融入自己的思考和认识，以适应职业教育发展和社会发展的需要。为顺应时代发展的要求，教师应该在思想观念、教学方法、教学内容、教学形式、考试形式、建立新型师生关系和加强学生能力培养等方面，都应结合高职教育特点进行大胆的改革和创新，具体来讲，主要应从以下几方面努力。

（一）更新教学理念

社会经济也进行着深刻的变革，职业教育迎来了大发展的好时机，教师必须重新认识高职教育的性质和特征，树立正确的人才观、质量观和教学观。教师的作用发生了根本的变化，从知识的传授者成为一个咨询者、指导者和主持人，从教学过程的主要讲授者淡出，但这并不影响教师作用的发挥；相反，对教师的要求则是提高了。教师应该明确，高职教育以职业岗位为导向，以职业技术能力为基础，以满足职业岗位需要、实现零距离上岗就业为目标，培养的是生产和服务一线的高素质技术技能人才。毕业生应具有基础理论知识适度、技术应用能力强、知识面较宽、素质高等特点；以"应用"为主旨和特征构建课程与教学内容体系；实践教学的主要目的是培养学生的技术应用能力并在教学计划中占有较大比重。

（二）提高教师队伍的专业素质

高职教育的特色是由其教育目标决定的，学校能否办出自己的特色，关键在于教师队伍素质的高低。现今知识更新周期越来越短，因此，教师应树立终身学习的思想，不断获取新知识并提高专业水平。高职院校教师应成为教育观念新、创新意识强、师德高尚、教学水平高超的"双师型"教师。这就要求专业理论教师要深入生产一线，熟悉本专业的生产现场和作业流程并能与企业合作开发科研项目，最大限度地提高自身的实践技能，取得相应的职业资格证书，成为"双师型"教师，以适应高职人才培养目标和人才培养模式改革对广大教师的要求。

（三）正确选择和使用教材

高职教育的规模发展了，但内涵建设永不能停步。首先，近年来出版的精品教材并不多，主要原因是教材没有体现高职教育的特色；其次，教材内容仍存在不少不足和空白，与生产实践脱节现象比较严重。这就要求我们在教学过程中不断地去完善和创新。在教学中对教材的内容进行合理取舍并适当补充适应市场需求的新内容，使课程内容紧贴时代前沿，使学生就业后可以很快进入岗位角色，具备必要的操作技能。对知识点、实习材料、工艺要求、操作步骤、加工方法、质量要求等都应明确要求，用以指导学生技能的形成，只有这样，高职院校的教学内容才能真正"鲜活"起来，才能增强课程的灵活性、适应性和实践性，构建适应社会经济建设和个人发展需要的课程体系。

（四）创新高职院校的教学方法

高职院校教学方法的创新主要通过三个途径来实现：一是教学过程中应以学生为中心。由于受应试教育思想的影响，在传统的教学中，教师处于教学的中心地位，是知识的传播者和灌输者；学生被视为外部刺激反应的被动接受者和知识的灌输对象。这种情况不利于学生综合素质的提高。在新的教学模式下，教师是教学活动的指导者和组织者，学生是知识的主动发现者和探究者，应提倡"启发性""讨论式""参与式"等生动活泼的教学方法，鼓励学生独立思考。在教学实践中，教师可以采取研讨式教学法。它既着眼于培养学生的岗位能力，又能使学生学会学习，以适应终身学习的要求。研讨式教学过程和内容具有开放性和动态性，可以为学生思维能力、表达能力、应变能力、创新能力和科研能力的培养提供良好的机会。二是注重应用现代化教学手段，采用网络、图片、电子教案、多媒体课件、仿真等多种形式组织教学，软件、硬件相互配套，纸质、电子资料丰富，课堂内、外相得益彰。与此同时，教师应创造条件进行现场教学并对照实物进行理论教学，这样不仅能增强学生的感性认识，而且可以激发他们的学习兴趣。三是改变学生学习心态，把学生心态从原来的"要我学"转为"我要学"。对学生进行形势教育，优胜劣汰是市场经济的必然法则。由于当前及未来就业形势非常严峻，竞争非常激烈，因此，高职院校的学生应认识到刻苦学习，努力提高自身的思想道德修养、科学文化水平和民主法制观念等综合素质的必要性和紧迫性，产生一种压力感，从而提高学习动力。

（五）加强实践操作教学

高职教育的特色是形成以学生能力培养为中心，以分析和解决实际问题为目标的教学模式。首先，教师根据本专业的培养目标将实训内容分为基本技能、专业技能、技术应用与创新能力训练等各个层次；其次，根据这些层次的要求确定实训课程，并制订每门课程的实训教学大纲；最后，根据每门课程的实训要求，将每门课程的实训内容划分为若干个可独立进行的基本训练单元，每个训练单元都对应一个项目。实践教学一定要把对学生的职业技能训练与职业素质的培养有机地结合起来，做到既能训练学生的职业技能，又能注重结合教学内容对学生进行职业品质的培养，全面提高毕业生的素质。

（六）建立新型的师生关系

现在的科学技术日新月异，新技术、新材料、新工艺层出不穷，社会分工越来越细，教师不可能样样通晓。学生获取知识的渠道越来越多，教师在知识方面的权威地位受到挑战，因此，建立新型的师生关系很有必要。新型的师生关系是相对平等和互动的关系，教学相长，可以在课堂上讨论有争议的问题。当学生拥有比教师更有说服力的信息时，教师应该让学生充分表达，大家一起学习和讨论，实现共同进步。这样才能体现知识的客观性和求实性，鼓励发展学生的创新能力，树立可以挑战权威的创新精神。

（七）培养学生全面发展

目前，整个社会处于深刻变革时期，现在的学生自我意识比较强，面对纷繁复杂的社会难免总会有这样那样的困惑。教师在教学活动中可以用积极的思想去影响他们，不仅教书，而且还要育人。职业知识是基础，职业能力是关键，而素质与人格则是根本。三者是统一的。

世人把老师比作人类灵魂的工程师，老师不仅仅只传授专业知识与技能，更应该注意培养学生健康的心理和健全的人格，引导学生正确进行职业定位，使他们接受终身学习的思想，培养积极向上的精神和自主创业的意识，以迎接未来职业生涯的挑战。

（八）改进学生评价制度

衡量学生学习效果的标准就是各种考试。作为高职院校，可以在学生评价制度方面进行大胆创新和尝试。教师应坚持高职教学培养高素质技术技能人才的指导原则，在考核方式、方法的选择上可以根据考核科目的特点，采用灵活、多样的考核方法，如开卷、闭卷、笔试、口试、操作、论文、报告与答辩等。传统的闭卷考试形式主要以客观题为主，不利于提高学生的综合分析能力和解决问题的能力，也谈不上培养学生的创新能力。对于一些操作性比较强的专业课，建议采用实际操作、口试辨析的测试方式，可以培养学生学以致用的能力。这样比较适合高职教育。

总之，为新时代培养高素质技术技能人才是高职教育的最终目标。每位高职院校的教师都应对教学创新有所思考，从教学入手，从自身入手，把课堂上的每分钟都充分利用起来，按照经济社会发展的需求进行教学创新和改革，只有在教学过程中联系生产实际，才能使高职教育不偏离方向，才能使高职院校学生较快地走上社会并立足社会，才能提高高职教育的人才培养质量，才能实现高职院校的教育目标、体现高职院校的教育特色。

第八章 国外职业院校教学管理借鉴

第一节 美国社区学院教学管理及启示

一、美国社区学院教学管理概述

(一) 美国高职院校的发展及其作用

美国的高职教育是由社区学院来承担的。美国社区学院是指设立在社区内,为社区所有成员提供普通高等教育、高等职业教育、成人教育和其他社会性文化生活教育的教育实体,主要是高职院校。高职院校的前身是初级学院,是19世纪末20世纪初工业革命时期美国教育改革的成果。美国社区学院正式起步于工业革命时期,迅速发展于第二次世界大战之后至20世纪60年代这一历史时期。美国独立战争结束以后,工业的跃进式发展,各方面人才的急需,政府必须把人才的培养提到议事日程。20世纪50—70年代,伴随着科学技术的加速发展、经济的持续增长,美国的产业结构和生产方式发生了重大变化,对劳动力的能力提出了新的要求,社会需要大量职业技术人才。这样,社区学院蓬勃发展起来,逐渐取代了初级学院,成为美国职业培训的主体。

美国社区学院是美国高等教育结构中重要的组成部分,大大加速了美国高等教育大众化的进程。在教育与职业、经济、社会紧密联系和有机结合的知识经济时代,美国的社区学院和所在区域相辅相成,相互促进并共同发展,为社会培养了大量复合型、应用型和实践型人才。

(二) 美国社区学院教学管理的特色

美国社区学院教学管理的特色可以归纳为以下几方面内容:

1. 立足社区,开放办学

一是美国的社区学院立足于社区。美国社区学院的教育能够结合本社区的实际情况，做到完全适应和满足社区各行业、企业及居民的学习需要，而且社区学院开设的专业和课程能紧密跟随市场的变化而变化，随着新领域、新需求的产生而产生或淘汰一些专业。美国社区学院的招生、培养目标、课程安排、毕业生就业计划等也都是以本社区为中心制订的。

二是美国的社区学院实行开放式办学模式。首先，美国社区学院的办学开放性体现在招生上，对学生入学几乎没有严格的限制，只要高中毕业、18岁以上即可，但是入校以后，社区学院要对每个学生进行能力测试，在了解学生真实水平和能力的基础上因材施教，帮助学生选择专业和课程。社区学院学校招收的对象除应届高中毕业生外，也招收高中职业课程和中等职业技术学校的学生，而且还招收大量在职人员、事业转岗人员等。这样，社区学院的学生年龄结构参差不齐，学生的学历和知识能力各不相同，求学目的也各有千秋；另外，美国社区学院的开放性还体现在社区学院与外部环境的交流上。在美国，社区学院是一个不断与外界交流的开放的机构。社区学院通常和社区内的企业进行双向的交流与合作，企业可以通过各种途径参与职业教育，同时，学院为企业的发展提供合作帮助。一般情况下，企业利用社区学院的场地和设备，对在职员工进行培训提高和对新员工进行技术培训，也有的企业在社区学院内建立自己的学院和实验室，以期达到双赢目的。社区学院与外界交流的另一个表现是培养并聘用外界各行业具有实践经验的人才，有些人才可以作为学院的兼职教师来培养。

2. 携手企业，合作办学

美国社区学院与企业的合作办学，一方面，能够解决资金的短缺问题；另一方面，能够及时地了解社会企业的最新需求，从而调整自己的决策和计划。社区学院注重加强对毕业生质量的跟踪和情况反馈，及时从毕业生的角度了解学校开设的专业和课程及对学生的培养目标、方式是否符合企业的要求，是否满足社会的需求，以便及时进行调整和改革。

在跟踪和反馈方式上，社区学院力求与企业形成一种约定或制度，尤其是那些长期的用人大户。这样，社区学院的毕业生易于找到工作，同时，也提高了学校的知名度，从而能够更好地吸引学生入学。学校与企业携手使学生的学习目的性增强，实践机会增多，就业出路宽；尤其是一些知名企业的加盟更使学校的发展前途无限；为企业进行员工培训，承接企业职业培训计划咨询等项目。这样社区学院如同企业的培训部，增强了美国社区学院的培训功能。

3. 放眼市场，精选课程

美国一般的社区学院都以职业教育学科为重点开设了众多的覆盖面很广的学科和专业领域。从农业到工业，从家政到商业，从医疗部门到第三产业无所不包，应有尽有。一方面，专业学科开设众多、领域广泛；另一方面，课程设置又贴近社区对知识和技能需求。正因如此，每个社区学院所开设的学科往往与本地区的特殊需要及历史和文化特色有密切关系，从而形成了自己的特色。社区学院的课程具有多样性，即根据个人的需求设置转学的、学位的、提高的、兴趣的等多种多样的课程。社区学院的课程强调宽而不是专，而且还开设不同比例的选修课，以使学生具有很强的适应性和较强的竞争力；课程的国际化，国际化包括课程本身的国际化或是在课程中引入国际化的主体。课程的多元文化主义能够使不同种族民族的学生更好相互理解，相互尊重，相互欣赏，融洽地相处；课程的灵活性即社区学院可以灵活地修改自己的教学计划，专业设置和课程设置以适应社会和企业的需要，力求使课程与多种功能多种培养目标相适应；课程的独特性即社区学院根据自己的特殊任务和特色，准确定位，明确培养目标，突出办学特色。这样，其课程开设也有很大的不同。社区学院旨在把学术研究与社会服务有机结合起来，注重实际知识和实际技能的训练。从短期高校本身的角度方面，学科开设不能沿用普通高等教育的模式，要面向市场，重视对人才市场需求的分析、研究和预测。根据不同的职业和岗位群的要求来组合不同的专业，使专业设置处在变动性与稳定性相结合的动态化中。针对社区学院业余学生比例大的问题，其上课时间也很灵活。

4. 注重立法，经济治学

美国社区学院发展过程中，立法的作用不可忽视。各州通过立法形式确立社区学院在美国高等教育结构中的地位，社区学院各级政府的拨款也通过立法予以保障，而且教师的工资待遇、优惠政策等也通过立法的形式予以明确。

美国社区学院办学经费的来源渠道有地方税收、州政府拨款、联邦政府资助、学生所缴学费和其他收入五种。其中，地方税收和州政府拨款是经费的主要提供者。社区学院在办学过程中采取诸多措施减少办学成本和学生的经费分担比例。在学校方面紧缩学院机构的设置，集中优秀教师，大量聘请兼职教师，同时，学院通过借助网络教学，扩大招生，与企业合作，使后勤服务社会化，整合本社区师资、设备、实验实习资源等方式节约经费。因为通过多种渠道筹措办学经费以及经费的合理使用，美国社区学院的收费低廉，从而真正满足了社区大多数低收入人群接受教育的需要，为实现美国高等教育的大众化、民主化和平等化贡献了自己的力量。

5. 双管齐下，提高师资

社区学院有志于造就具有创造性、灵活性和积极性的员工。倡导教师能够使各学科的知识跨过传统领域的界限而相互融合，教师之间要在互惠的基础上相互学习，取长补短，共同提高。另外，社区学院还利用颇具创造性的福利和津贴制度代替大幅度的加薪制度来提高教师工作学习的积极性和自主性，同时，还对教师严格要求，力求教师队伍精干，教师工作量饱满，教师尽心尽责，教师诚信度高，教师对学生负责。教师的课程开发往往除课堂上利用的课件外，还延伸到课外。另外，社区学院的师资大部分都是外聘的，机制十分灵活，不受专职教师所学专业的制约。教师有针对性地讲授实用知识和技能，使教、学、用有机结合。

二、美国社区学院教学管理启示

美国社区学院已成为当地文化教育活动的中心，以青年与成人为教育对象，其教育目标在于培养良好的公民，赋予人们生活中必备的各种知识和修养。社区学院立足社区、服务大众，能够根据时代发展需要适时调整其发展目标。通过有效的管理，实现了其办学职能的多样化，多元化和综合化。联想到当前我国高职教育管理的现状，社区学院教学管理的许多经验值得我国借鉴。

（一）科学定位，谋求发展

美国社区学院的个性化特征十分突出，都有自己显著的办学特色。我国高职院校在发展过程中遇到了不少的问题，但首要的任务是高职院校要能够了解自身特色，洞察自己的优势，科学定位自己，没有必要一窝蜂似的追求升格为本科院校或综合院校等。高职院校就是要立足自己所在区域的实际情况，找准所在区域的特殊需要从而有的放矢地发展自我。高职院校要讲求实力，但更要注重自己的特色，不要盲目地把自己发展成"四不像"。高职院校若没有重点院校的实力又失去自己的传统是没有出路的。高职院校这一领域就是与众不同之处，一定要力争在这一领域大做文章、做好文章。有调查显示，我国市场上应用型和实践型人才十分稀缺，因此，高职院校要抓住机会，挑战自我，加快自身的发展。

（二）多方出击，落实资金

美国社区学院资金来源渠道十分广泛，因此，资金供给较为宽裕。我国高职院校在发展的过程中最大的问题是资金问题，它们不可能得到有重点院校那么多的拨款，在各级政府的投资上也不占优势，所以资金成为高职院校发展的瓶颈问题。针对这种情况，国家要认真落实《职业教育法》中对增加职业教育经费投入的要求，高职院校要逐步建立政府、受教育者、用人单位和社会共同分担、多种所有制并存和多渠道增加职业教育经费投入的资金筹措新机制。另外，高职院校还要自我创新，创新机制和创新思路，创新性的思考问题，创新性的寻求资金。要试图将经济营销理念运用于办学中，提高院校的综合竞争力。高职院校与企业合作不失为一种好办法，我国高职院校没有能够与企业进行有效的全面合作，即使有合作，也是停留在表面上，因此，在这方面还大有文章可做。高职院校与企业直接紧密联系为其输送急需的人才，为其对员工进行再教育并提供技术上的援助，这些一方面，可以节省资金，另一方面，可以发展自我；高职院校在办学中要多方寻求资金，合理利用资金。如多聘用兼职教师，多吸纳生源等。

（三）直面现状，提高师资

美国社区学院资金供给渠道多，教师待遇较高，师资十分丰富。我国高职院校在发展过程中遇到的另一个问题是师资问题。高职院校往往很难吸引和留住优秀的人才，原因是多方面的。其中，待遇偏低是关键的原因之一。另外，我国长期以来传统的文化"学而优则仕"也在一定程度上造成了这一影响，很多教师不喜欢到高职院校工作，或者认为那不是最好的选择。高职院校针对这种情况，首先，是要求教师自身应该解决好认识问题，更新观念，有为高职院校服务的意识和热情，高职院校也要努力改善教师的待遇。另外，政府也应加大对高职教师的倾斜力度，政府最好以法律的形式规定一些制度措施保障教师和高职院校的权益。我国高职院校为组建一支团结上进的优秀教师队伍，可以借鉴美国的经验，引进真正的社会上的优秀人才作为兼职教师也是必不可少的，同时制定相应的教师学习进修制度，保障教师提高的权力。

（四）合理设置专业，精选课程

美国社区学院的教学管理过程中，十分强调专业的设置和课程的选择，并将其作为社区学院发展工作的重中之重。美国社区学院敏锐地洞察市场的需要和变化，适时调整专业和课程设置，专业和课程的设置要力求灵活性、科学性、实践性和前瞻性。我国高职院校培养出来的学生有很多缺乏实践性，影响了高职院校学生的竞争力。高职院校学生在理论上不能和重点院校的学生看齐，但在实践环节上一定要突显自己的优势。另外高职院校还可以寻求多种方式来发展自己，如了解所在地区的实际情况，了解学生需求，有针对性地开设一些符合学生胃口的课程。课程的设置一定要与时俱进和不断创新。

总之，美国社区学院起步较早，发展相对较为成熟，因此，我们可以吸取美国社区学院成功的教学管理方式，完善我国高职院校的教学管理方式，可持续发展。

第二节　加拿大社区学院管理及启示

加拿大高职院校是以社区学院的形式出现的。加拿大社区学院产生于 20 世纪 60 年代。当时，为缓解中学后教育巨大的入学压力，加拿大吸收和借鉴美国社区学院模式并根据自身实际需要加以改造。与传统的高等教育机构相比，社区学院入学门槛较低、学制灵活、学费低廉且教学内容新颖，讲求实用，社区学院因而受到普遍欢迎并迅速发展成为加拿大中学后教育的重要组成部分。目前，加拿大共有社区学院 206 所，占全国高等教育机构的 60% 以上，其规模各异，平均每所学院约有 5 000 名全日制学生和 15 000 名业余学生。以社区学院为依托，加拿大的中学后教育入学率迅速跃至世界前列。此举大大提高了劳动者的素质，有力地促进了国家经济的迅速发展。

一、加拿大社区学院教学管理概述

在加拿大，社区学院是一种通称，各省实际的称谓有所不同，如安大略省称之为"应用艺术和技术学院"；魁北克省则称之为"普通教育与职业教育学院"；还有的省称之为"技术学院"。社区学院一般还包括农业学院、艺术学院及其他专门教育机构，如地区的或医院附设的护理学校等。总的说来，加拿大社区学院的教学管理主要有以下几个方面的特点：

（一）学制安排体现灵活性

在加拿大，社区学院面向所有想学习的人开放，入学人员包括高中毕业生、在职人员、失业人员、残疾人员、家庭妇女、退休人员等，大多数学院入学无门槛。为适应不同学生的情况，社区学院的学时及学制安排极为灵活。首先，社区学院基本上全年向学生开放，包括白天、晚上、周末、假日等，学生可根据自己的实际情况选择合适的学习时间，一年四季随时可以办理入学手续进校学习；其次，在学制上，社区学院有实行两学期制的、三学期制的，还有四学期制，有的还有 12 个月不休假制，目的是尽可能适应不同学生的需要；再次，社区学院宽进严出，实行学分制，可以业余学，也可函授、或在家通过电脑网络方式学习；最后，社区学院实行学历教育与短期培训并举，面向市场、灵活办学、讲求实效。此外，社区学院的灵活性还表现在针对某些学生的个人教学计划方面，即专门为一些学生或学习小组制订适合他们的教学计划，允许学生在教师的监督下按照自己的情况和自定的进度学习，而且还承认学生在别的学院修得的学分和接受非正规培训所获得的技能。

（二）专业设置讲求针对性

加拿大社区学院一般属地方政府管辖，以地区经济发展和社会服务为己任，与当地社会、企业间建立起极为密切的联系，是为该地区政治、经济、文化发展提供各种服务的活动中心。其办学的主要目的就在于针对地区经济发展的需要提供实用性较强的课程，为当地经济、社会发展服务。当地需要什么人才，社区学院就培养什么人才，学制的确定，专业的设置、课程的开设完全遵照当地需求决定。就专业设置而言，社区学院开设的专业大多是社会急需的热门专业，能够及时满足当地经济发展对人才的要求。

在实际教学过程中，一方面，社区学院重视实践性教学环节；另一方面，根据学生的特点有针对性地组织教学，教学方法灵活多样。有的社区学院与工商企业联合培训、联合办班，利用企业的设备条件开展现场教学。有的社区学院与企业共同开设徒工培训课程（也称"合作教育课程"），即社区学院与企业签订合同，共同培养。按工种专业不同，在社区学院的学习时间也不同，通常情况下，学生90%的时间用于现场操作。这种针对学生的需求、针对社会需要培养人才的形式，既能有效提高学生专业知识和技能水平，学生走向社会后又可直接促进地方经济的发展。

（三）课程内容注重综合性

加拿大社区学院的课程可分为以下几类：

一是为直接就业做准备的短期培训课程。这类课程通常是为失业者提供职业培训，使他们尽可能经济有效地获得进入或返回劳动力市场所需的技能。课程既有全日制的，也有部分时间制的。

二是徒工培训课程。社区学院有相当一部分工种的学徒培训课程，提供学徒期培训，主要是基本理论和基本知识教育。另外，社区学院还跟雇主及工会合作提供学院阶段徒工培训的合作教育。

三是专科层次的职业文凭课程。这些课程涉及工程技术、工商管理、保健科学、社会服务、文化艺术、公共安全、医疗技术、娱乐等社会各行业。

四是成人基本技能培训课程。社区学院为许多成人（移民）开办补习课程，主要是英语作为第二语言的课程，在此基础上开展简单的职业技术培训。

五是合同课程。社区学院为了和本地区的工商企业建立密切的关系，于是与公司企业、社区机构及政府有关部门签订合同，根据对方需要开设课程并进行培训。

六是大学转学课程。类似大学低年级的普通课程,有些省对学院的转学课程做出规定,有些省则由学院与大学共同安排,使课程学分可互转。

七是普通学术课程。这种课程不是为了转入大学,而是为了获得当地承认的中学后教育的学历而设置的。普通学术课程包括劳工研究、妇女研究、各种交叉学科的课程,毕业生获得的文凭与学院其他课程的文凭具有同等的价值。

八是个人兴趣与社区发展课程。这种课程包括文化类、娱乐类或具有社区特点的课程。这类课程不计学分,不授文凭或证书,只是为了满足社区成员个人或团体在身心或技术上的兴趣,任何时候只要有需求就开设。

此外,还有成人补习课程。社区学院为不同文化背景和讲各种语言的移民开设的英语、数学基础知识课程。加拿大社区学院课程的综合性使各类教育在资源共享方面具有明显优势。

(四) 教学手段突出先进性

加拿大社区学院从地广人稀的国情出发,广泛应用各类信息技术提高教育质量和效率并积极开展远程教育。社区学院借助政府投巨资兴建的互联网、电子通信、卫星、广播电视及相关技术,将其应用于远程教育发送和教学服务系统中,为广阔地域里的加拿大人提供学历和非学历的教育课程和入学机会。

借助于先进的技术手段,社区学院也常常为公众提供个人发展远程课程,以及为企业提供远程培训。这些课程主要是根据不同行业从业人员的需要,重点提供应用技术知识方面的教育,供不同对象选用。如:有为家庭普及电脑而开设的电脑维修课程,有为家庭妇女开设的妇幼卫生、家庭花卉、庭园布置、烹调技术课程,有为农场主和农场工人提供的植物栽培、机械维修、饲养技术、病虫害防治课程等。随着加拿大国家电子通信网络的普及和远距离视像教育技术的日臻完善,社区学院将继续开发利用各种先进的教学手段改进教学,开展跨省教育合作,开拓新的市场。此外,联邦和省两级政府还资助社区学院利用互联网开展与世界各地的教育合作项目。

(五) 办学目标追求多元性

加拿大社区学院适应和满足了高中后学生的入学要求,在学习机会的提供方面做出了巨大贡献。社区学院的功能是多方面的,包括:

(1) 继续教育。社区学院为本社区内的居民和在职者、转岗者提供各种短期的职业训练课程;也向高中辍学的成人提供高中程度的补习教育;还向退休老人提供学习机会,发挥了各类继续教育的作用。

(2) 职业教育。社区学院一般都根据本社区最急需的职业要求,开出几十门职业类课程，学生获得这些课程的规定学分后，才具有就业的资格。职业技术教育使受教育者既具有适应现代职业的专门知识和技能，还具有应有的文化水平和基本素质。

（3）学历教育。社区学院对有意升入大学的学生提供大学前期教育，学习两年后可以根据有关协议转入四年制本科大学继续学习，不需要入学考试，在社区学院获得有关课程的学分得到承认，这称为学分传递。有的社区学院还开设副学士学位课程，学生学满规定学分可获得副学士学位。

（4）社区服务。社区学院可为本社区的政治、经济、文化发展提供各种服务，如开展科普活动、主办文体活动、进行咨询论证、召开各类会议等，成为本社区的文化教育活动中心。

社区学院实际上担负了我国的职业中学、技工学校、中专校、职工大学、干部管理学院、职业大学和高等专科学校的教育和培训任务。可以说，加拿大依托社区学院这一载体，把我国通常说的职教、成教、普教等沟通起来，从而成为终身学习的重要基地。

此外，社区学院还积极开展与世界各国高校的交流与合作。随着经济全球化进程的加快，社区学院日益重视自身的国际化水平，积极开展与世界各国高校的交流与合作，开阔视野，增进师生的全球意识。社区学院与世界许多国家的社区或技术学院建立了广泛的合作关系，同时，也在加拿大国际开发署的资助下实施了许多国际发展项目，帮助发展中国家提高职业教育和技术培训的能力。目前，社区学院联合会正负责实施法语国家奖学金项目、中东欧伙伴关系项目及加拿大国际开发署和外交与国际贸易部的"青年国际实习项目"，进一步扩大了其影响力，发挥社区学院在国际社会中的作用。

二、加拿大社区学院教学管理启示

（一）立足地方，为当地经济发展服务

我国高职院校同加拿大社区学院一样，也属于工业化进程的必然产物，而且其培养目标也基本一致，都是为社区培养应用型人才的。20世纪60年代发展起来的社区学院就是教育能动地适应地区需要、促进地区经济发展的例证。社区学院出现之初，虽然曾引起争论，人们对它有过不同看法，但因其扎根于社会需要的土壤，终于迅速发展壮大起来。我国幅员辽阔，沿海与内地、发达地区与不发达地区之间差异较大，对人才的需求也不一样。这也就要求高职院校立足本地经济和社会发展需要，确立各自的办学规模层次和培养目标，为地方经济发展服务。

由于我国地方经济发展不平衡，各地高职院校发展水平不一样，专业设置也各有侧重，体现出一定的区域性特色。总的说来，高职院校还需进一步突破旧的办学模式，找到自己生存和发展的立足点，突出地方特色，以特色求生存和发展，不断获得生机和活力。

（二）三教统筹，优化教育资源配置

当前，我国的高职院校正处在发展的关键阶段，高职教育若要进一步发展，则需要认真学习和吸取世界各国的成功经验，同时，又要结合中国的实际情况，走具有中国特色的发展高职教育的道路。这就需要认真地探索、实践、总结出一套既具有我国特点而又符合职教规律和人才培养的规律。我们可以借鉴国外社区学院的做法与经验，加快发展高职教育，不断深化改革，包括管理体制、教育制度、招生制度、就业制度、收费制度等方面的改革，优化教育资源配置，提高教育质量。由于我国人口众多，教育需求强烈，需实施成教、职教、继续教育"三教统筹"，合理结构，协调发展，因此，要在办学条件、教学设施、师资等方面资源共享，发挥一套设施多种功能的作用，体现规模效益。

（三）走多渠道、多元化发展之路

我国的高职院校应在办学体制、办学形式、办学类型、办学内容等方面实现多元化。首先，要加强各类分流与合流，保障高等职业教育与普通高等教育之间架设的立交桥畅通无阻；结合各地区的实际情况，不拘一格办学，推动高职教育的迅速、健康发展；其次，要重视地方参与、企业参与、社会参与。高职教育要加强与全社会的广泛联系与合作，加强学校与地方、企业的联系，及时了解社会需求，紧密结合社会实际，为区域经济发展、人才培养做出积极的贡献；最后，要多渠道筹资，完善各类设施。鉴于高职教育强调实践性，对各类实验设备、实习基地等提出较高要求。单靠政府的投入是不够的，要多渠道筹集资金，倡导企业、个人投资办学，进一步完善教学设施，如远程教育设施等。大力发展远程教育，为更多的人提供接受高等教育的机会。

第三节 英国学徒制教学管理及启示

英国的高职教育是以学徒制度形式出现的。英国是世界最早的工业化国家，其职业教育的发展历史源远流长。英国职业教育自13世纪学徒制度的建立到目前系统化、正规化的职业教育体系的形成，经历了不断变化不断完善的发展过程。

在人类社会进入现代工业时代的今天，英国的现代学徒制度又以其独特的魅力吸引着众多研究者的兴趣，在新时代焕发出崭新的生命力。现代学徒制对探索我国高职教育办学模式，扭转我国高技能人才奇缺的局面，有着重要的借鉴意义。

一、英国学徒制教学管理概述

（一）英国传统学徒制的兴衰

学徒制是一种在实际生产过程中以口传身授为主要形式的技能传授方式。徒弟在工作实践中跟随师傅经过一定年限的学习，掌握了相应的技能以后，可以出师成为正式的技工。在英国，正规的学徒制源于12世纪伊丽莎白时期手工业行会对其内部员工进行的职业训练；到13世纪，英国正式建立了职业教育的学徒制，但效果并不明显；英国工业革命后，机器大工业取代了工厂手工业，生产过程对人的技能的要求大大降低，学徒人数不断减少；第二次世界大战结束时，学徒制的重要性几乎丧失。1964年的"产业训练法"使学徒培训得到政府提供的补助金的支持。1973年，英国政府将"产业训练法"修改为"就业与培训法"，建立并完善了新的企业内培训体制，但是政府所施加的影响非常有限。截至1992年，只有3%的青年人进入完全由雇主资助的学徒培训。学徒制作为英国教育史上有着悠久传统的一种教育形式，一直影响着英国职业教育的发展。

（二）英国学徒制的复兴

为帮助青年人实现从学校到工作的平稳过渡，改善熟练工的市场供给状况，英国政府于1993年制订了现代学徒计划，给予政府资金资助，将这种建立在传统手工业基础上的职业培训制度向一些新兴行业扩展并把学徒培训与国家职业资格制度结合起来，使学徒培训的质量评价有了可靠的依据。该计划于1994年在14个行业中试行，1995年扩展至54个行业部门。

在政府的重视下，2001年3月，现代学徒咨询委员会成立，以帮助国务大臣和学习技能委员会实施"发展、提高和普及"现代学徒制的为期三年的一项行动计划，对现代学徒制进行进一步改革；2003年2月，英国财政部和教育部又共同实施了新的国家现代学徒计划，按照规划，到2004年，至少有28%的16~24岁青年在工商企业接受18~24个月的现代学徒培训。

（三）英国的现代学徒制

英国政府于1993年制订的现代学徒计划以其崭新的面貌呈现在世人面前。它既承袭了英国传统学徒制度的基本特点，又带有现代社会的鲜明时代痕迹，力求从根本上解决学校职业教育脱离工商企业实践的弊端，以现代形式使英国传统学徒制度焕发出新的生机。它是年轻人在全日制学校教育之外获得国家职业资格的重要途径。

英国现代学徒制的教学管理特征可以概括为以下几个方面：

1. 培养目标是一种教育形式区别于另一种教育形式的本质特征

随着生产力的发展和科学技术的进步，现代生产的科技含量越来越高，工艺越来越复杂，职业流动性越来越大，英国现代学徒制的培养目标在传统学徒制的基础上有了进一步的发展：现代学徒制的培养目标从传统学徒制单纯培养熟练技术工人，发展到培养理论联系实际的新型劳动者。英国现代学徒制对培养目标进行了层次划分，把现代学徒制分为基础现代学徒制和高级现代学徒制。基础现代学徒制旨在培养具有初级职业技能的从业人员，高级现代学徒制旨在培养具有熟练职业技能的从业人员。完成高级现代学徒制后，学徒可以获得国家职业资格3级水平和关键技能2级水平及相关的技术证书。学徒在继续教育学院或其他培训中心脱产学习理论知识，在雇主提供的工作场所接受技能培训。

2. 课程是实现培养目标的媒介

英国现代学徒制培养理论联系实际的新型劳动者的目标通过其多样性的课程体系实现。英国现代学徒制加大了课程开发的力度，在课程的科学性与实用性方面有了长足进步，形成了既相互联系又相互独立的课程体系。该体系包括三个方面的内容：

一是关键技能课程。关键技能又称核心技能，是从事任何职业都必须具备的跨职业的基本工作能力，是应对现代生产的高科技含量和职业流动性不断增强而开设的课程。英国政府于1998年在文件《走向成功的资格》中指出："关键技能支持个人职业生涯的转变和过渡。"关键技能由英国工业联盟、教育与就业部和资格与课程署共同认可，包括以下六个方面。即交流能力、数字运用、信息处理、合作能力、改进自己的学习和行为、解决问题的能力。前三种关键技能被认为是"关键"中的"关键"，被包含在国家职业证书中；后三种关键技能被认为是更广泛的关键技能，几乎被包含在所有的现代学徒制和国家职业培训计划中。学徒的关键技能经由脱产学习获得。

二是NVQ课程。NVQ是英国国家职业资格的简称，是一种以国家职业资格标准为导向的职业资格证书制度。它以不同岗位所需要的基本能力为基础，开发出相应的行业岗位标准，是为具体职业而制定的资格体系，几乎覆盖了所有职业的各层次标准。NVQ将职业资格标准划分为五个等级，每个等级的标准按工作岗位职责划分为能力单元，一个等级由若干个单元组成，每个单元又由若干个要素组成。要素、单元、等级标准递次组合，形成 NVQ 课程体系。高级现代学徒制要求学徒获得 3 级国家职业资格，其课程主要通过现场教学实施。

三是技术证书课程。技术课程证书是一种评价具体职业知识和理解力的证书，为国家职业资格的获得提供必要的基础知识和理解力。学习与技能委员会和课程与资格局正在开发相关课程，国家和课程局已经认可在某些领域把高级职业教育证书或职业资格 A 水平（高级普通国家职业资格证书的新名称）作为技术资格的过渡性评价。技术资格将与高等教育的基础学位相衔接，为完成高级现代学徒制培训的青年开辟接受高等教育的新路径。

3. 工读交替的教学模式

英国现代学徒制的培养目标和课程内容主要是通过工读交替的教学模式来实现的。这种教学模式的做法是：整个学徒期一般持续 4~5 年。第一年徒工脱产到继续教育学院或"产业训练委员会"的训练中心去学习，在以后的几年中，培训主要在企业内进行，徒工可利用企业学习日每周一天或两个半天带薪去继续教育学院学习，也可去继续教育学院学习些"阶段性间断脱产学习"的部分时间制课程。完成整个学徒训练计划，并顺利通过相关考核的徒工，可获得相应的职业资格证书。

4. 培训者与被培训者关系的复杂性

培养目标的更新与培训内容的系统化，必然引起现代学徒制中培训者与被培训者关系的变化。其变化表现在以下两个方面：

一是师徒关系的不确定性。在英国的现代学徒制度中，师傅在学徒培训过程中不具备独立主体资格，接受培训的青年与企业签订培训合同而不是与师傅签订培训合同。在学徒培训的过程中，一个学徒工可能会有多个师傅，他们甚至可以同时在不同的企业接受培训，师徒关系不固定，师傅主要承担传授职业技能的责任，不负责徒弟的全面教育。

二是学徒与雇主关系的间接性。在现代学徒制中，由现代学徒制培训组织与雇主签订培训协议，学徒与雇主关系中的雇主与雇工的关系也不具有必然性，学徒在雇主的企业培训期满后，可能成为雇主企业的员工，也可能到其他企业就业，亦即现代学徒制中的雇主企业在学徒培训中就是一处现场教学基地而已。

二、英国学徒制教学管理的启示

英国学徒制从传统走向现代，几经兴衰浮沉，如今又走上了一段新的发展里程。在这漫长的发展过程中，总结其发展经验对我国职业教育的发展具有现实的借鉴意义。

学徒制在我国曾经是一种重要的职业培训形式。那时，我国企业不存在高级技工不足的问题。自20世纪80年代以来，学徒培训逐渐开始被全日制职业教育所取代，但技能素养的形成，却不是经过一段时间的学校教育就能够完成的。学徒制的日渐衰微是造成当今高技能人才严重缺乏的重要原因之一，不得不令我国职业教育界人士进行深刻的反思。正是基于这种认识，将英国现代学徒制的职业教育经验引入我国高职院校的教育教学管理制度之路是十分必要的。

总的来讲，根据英国学徒制教学管理的经验，我国高职院校的教学管理应注意以下几方面问题：

（一）合理的培养目标定位

高职院校应将学生的培养目标定位于在保证个人可持续发展的基础上，以培养直接为生产、管理、服务第一线服务的高技能型人才。这种定位强调了"应用型"，突出了职业技术教育的特点，使职业技术教育的培养规格有别于普通高等教育。关于这一点，前面已进行了多次论述，此处不再重复。

（二）校企联合培养制度

建立学院与企事业单位合作进行人才培养的现代学徒制，实行"订单式"教育与培训的新模式有利于确保高职办学出口的畅通无阻。校企合作的优势有以下几方面：一是学院可以从行业组织和行业研究会获得人才需求信息，对高职院校进行专业结构调整，科学合理地设置专业，制订人才培养方案，深化教学内容改革，突出办学特色；二是行业可以为高职院校的学生提供实习实训场所和具有高技能的指导教师，使他们直接感受到真实的职业环境，接受到从基本技能到高级技能的训练与测评。尤其在校企合作的工读交替的教学模式下，可以培养学生树立爱岗敬业、与人合作的职业道德，从而学到在学校、书本上学不到的东西；三是行业可以为高职院校的教师提供经常接触实际的机会，利用调研和带学生实习的机会，教师可以发现新课题，找到研究项目，从而提高"双师"素质，成长为"双师型"教师。

（三）合理划分教学过程

借鉴英国的NVQ，我们把教学过程划分为三个平台，按照不同的要求组织教学，是由职业教育培养目标的多级性决定的，有利于实现学生持续发展、适应岗位流动、直接服务生产线三重培养目标。搭建三级平台要求所开设的课程按照培养"能工巧匠"的要求,突出"实用""娴熟"的原则,运用高科技手段和科学的训练方法提高教学质量,使学生一走出校门就能适应社会职业岗位(群)在技能方面的需求。

(四) 建设综合型师资队伍

我国高职院校应借鉴英国学徒制教学管理的模式,建设三支各具特色、互为补充、相互促进、共同发展的教师队伍。即建立一支理论知识过硬、教学科研水平较高具有创新能力的"理论型"教师队伍;建立一支具有一定的专业理论知识较强动手能力、能够高效实现科技成果转化的"技能型"教师队伍;建立一支既有扎实的专业基础知识和教育理论素养,又有丰富的实践经验和较强的专业技能,同时,还具有教师和技师的双重知识和能力结构的"双师型"教师队伍。

参 考 文 献

[1] 杨立军. 高校创新能力培养目标下的教育教学管理 [J]. 辽宁教育研究, 2003 (7): 68-69.

[2] 石金龙, 马少虎, 王小红. 如何做好高校扩招后的教学管理工作 [J]. 甘肃高师学报, 2003 (3): 77-78.

[3] 黄莉敏. 健全和完善教学管理制度 提高教学和人才培养质量 [J]. 咸宁学院学报, 2003, 23 (2): 91-93.

[4] 张利庆. 加强教学管理, 提高本科教学质量 [J]. 广东技术师范学院学报, 2003 (2): 79.

[5] 张洪. 目标管理在高校教学管理工作中的运用 [J]. 山东社会科学, 2003 (3): 144.

[6] 李子江, 龚淑娟. 组织行为视角下的高校教学管理 [J]. 华北水利水电学院学报 (社科版), 2003, 19 (2): 19.

[7] 杨红霞. 关于高校教学管理创新的思考 [J]. 保定师范专科学校学报, 2003, 16 (1): 103.

[8] 翟轰编. 高等职业技术教育面临的形势 [M]. 西安: 西安电子科技大学出版社, 2002.

[9] 胡秀锦. 高职高专教学质量监控和评价的几点思考 [J]. 职业技术教育, 2003, 24 (34): 30.

[10] 王少岩, 王丽英. 高等职业教育教学质量管理的实践 [J]. 辽宁高职学报, 2003, 5 (5): 21.

[11] 张莉. 2000 版 ISO9000 标准质量管理体系内审员实用培训教程 [M]. 上海: 企业管理出版社, 2003.

[12] 刘晓欢. 职业院校教育质量保障体系的构建 [J]. 职业技术教育, 2004, (3): 12.

[13] 张立国. 教学质量监控体系的构建与实施 [J]. 黑龙江高教研究, 2004, (6): 27.

[14] 陈文江. 教学评估缘何成为办学特色 [J]. 国家教育行政学院学报, 2004, (6): 80.

[15] 李铮, 姚本先. 心理学新论 [M]. 北京: 高等教育出版社, 2001.

[16] 罗万伯. 现代多媒体技术应用教程 [M]. 北京: 高等教育出版社, 2004.

[17] 林俊风. 马克思主义人学视野中的人本管理［J］. 中共福建省委党校学报，2002（9）：5.

[18] 梁森. 自动检测与转换技术［M］. 北京：机械工业出版社，2005.

[19] 姜大源. 学科体系的解构与行动体系的重构［J］. 教育研究，2005（8）：53－57.

[20] 黄克孝. 论高职高专"整合型"课程模式的创建——上海电机学院工业电气自动化专业的课程体系改革［J］. 中国职业技术教育，2005（13）：16.

[21] 田巍. 高职学院的教学管理系统［D］. 长春：吉林大学，2005.4.

[22] 徐亮，刘志红. 论高校教育管理中的人本主义理念［J］. 江西社会科学，2003（12）：240.

[23] 王澍. 以人为本学校教育管理思想探析［J］. 当代教育科学，2004（12）：42.

[24] 李丹青. 当代高等教育应以人为本［J］. 高等工程教育研究，2003（1）：29.

[25] 刘智运. 高等教育中"以人为本"的内涵［J］. 中国地质大学学报，2003（2）：56.

[26] 高嵩. 转变观念，强化服务，做好高校毕业生工作［J］. 中国大学生就业，2004，（Z2）：29.

[27] 刘素婷. 做好就业指导工作的几点思考［J］. 中国大学生就业，2004（15）：138.

[28] 周济. 高等职业教育要把就业导向作为主要办学方向——在2003年12月第二次全国高职高专教育产学研结合经验交流会上的讲话［J］. 职业技术教育，2004（6）：6.

[29] 李凯. 构建主动适应社会需求的高职就业工作新机制［J］. 高教探索，2005（2）：89.

[30] 高志彦. 就业导向：高职教育新的发展观——2003年高职高专毕业生就业状况调查启示［N］. 中国教育报，2004－02－22.

[31] 杨波. 高等职业技术学院校内部运行管理机制探析［J］. 教育探索，2005（5）：36.

[32] 卢红学. 高职课程体系改革的目标与思路［J］. 职教论坛，2005（5）：8－10.

[33] 张笛梅. 督导工作中几个关系的探讨，全国高等学校教学督导工作研讨会上的报告［Z］. 2005－10－12.

[34] 刘智运. 进一步完善教学督导机制［J］. 中国高教研究，2003（2）：51.

[35] 韩红利. 教学督导工作的探索与实践 [J]. 中国高教研究, 2003 (9): 93.

[36] 邱川弘. 高职高专教师教学质量评价指标体系的探究 [J]. 职业技术教育, 2004 (13): 32.

[37] 邱川弘. "6+2" 教学督导模式的研究与实践 [J]. 职业技术教育, 2004, 25 (28): 70.

[38] 朱中华. 论新建本科院校的专业建设 [J]. 教育评论, 2005 (4): 11.

[39] 焦兆平, 王晓敏, 查吉德. 保证和提高人才培养质量促进高职教育健康持续发展 [J]. 中国高教研究, 2004 (1): 43.

[40] 戴国忠. 略论高职院校课程建设的基本理念 [J]. 职教论坛, 2005 (30): 20.

[41] 金策坪, 黄卫平. 论高职实践教学体系的构建及作用 [J]. 职教论坛, 2005 (4): 39.

[42] 冯渊, 吴建生. 关于高职院校专业建设工作的思考 [J]. 江苏高教, 2006 (2): 140.

[43] 许锁坤. 高职院校课程设置的探讨 [J]. 中国高教研究, 2004 (12): 52.

[44] 胡小桃, 李仲阳. 当前高职课程建设存在的问题与走向 [J]. 职业技术教育, 2003, 24 (34): 38.

[45] 戴国忠. 略论高职院校课程建设的基本理念 [J]. 职教论坛, 2005 (30): 20.

[46] 陈洪华. 网络条件下高职教学管理信息系统的开发与应用研究 [D]. 北京: 首都师范大学, 2005 (5).

[47] 陈拥贤. 论职业学校校本课程开发 [J]. 理论研究, 2005 (5).

[48] 罗伟, 张翠英. 加强管理拓展内涵实现对实训基地的二次开发 [J]. 职教论坛, 2005 (8): 46.

[49] 刘理, 彭时代. 大学制度与大学特色发展 [J]. 高等教育研究, 2005 (4): 13.

[50] 邢晖, 侯兴蜀. 职业教育与职业资格证书互动的障碍及成因分析 [J]. 中国职业技术教育, 2005 (24): 49.

[51] 胡旭晖, 万启常. 在高等职业教育推行职业资格证书的探讨 [J]. 湘潭师范学院学报 (社科学版), 2005 (5): 137.

[52] 王连红. 高校教学质量监控体系的探索与思考 [J]. 广东技术师范学院学报, 2005 (2): 75.

[53] 刘凤云. 论高职院校内部教学质量监控与保障体系 [J]. 扬州大学学报 (高教研究版), 2005, 9 (5): 40.

[54] 陈建湘. 谢再莲. 试论高校内部教学质量监控主体体系、内容体系和运行机制的构建 [J] 教育与研究, 2004 (15): 46.

[55] 江燕. 建立与完善高校教学质量监控体系 [J]. 佳木斯大学社会科学学报, 2005, 23 (1): 100.

[56] 杨建立, 杨京楼. 高职院校教学改革的必要性及其实践探讨 [J]. 教育与职业, 2006 (9): 15.

[57] 韩承江. 高职职业活动导向教学模式探析 [J]. 职教论坛, 2006 (4): 27.

[58] 杨利军. 探析"以学生为中心"的课程教学体系改革 [J]. 教育与职业, 2006 (6): 14.

[59] 李宏伟, 郭洪奇. 以人才需求改良高职教育 [J]. 中国教育研究与创新, 2005 (3): 24-26.

[60] 李方. 创新示范引领——新课程教师培训策略与案例 [M]. 北京: 北京出版社, 2004.

[61] 温家宝. 大力发展中国特色的职业教育 [N]. 中国教育报, 2005-11-14.

[62] 教育部. 关于学习贯彻国务院关于大力发展职业教育的决定和全国职业教育工作会议精神的通知 [N]. 光明日报, 2005-11-14.

[63] 石伟平. 我国职业教育课程改革中的问题与思路 [J]. 中国职业技术教育, 2006 (1): 6.

[64] 姜大源. 论行动体系及其特征——关于职业教育课程体系的思考 [J]. 教育发展研究, 2002, 22 (12): 70.

[65] 姜大源. 指导优先原则与建构优先原则的特征及其融合——关于职业教育行动导向的教学原则思辨 [J]. 职教通讯, 2005, (2): 5.

[66] 蒋兰芬. 高职院校教育教学质量监控体系研究 [D]. 武汉: 华中师范大学, 2006.

[67] 汤向玲. 高职院校学生职业能力培养研究综述 [J]. 张家口职业技术学院学报, 2006, 19 (3): 6.

[68] 王长楷. 现代高等教育管理研究 [M]. 海口: 海南出版社, 2004.

[69] 王明伦. 高等职业教育发展论 [M]. 北京: 教育科学出版社, 2004.

[70] 易自力等. 全日制普通高等学校教学全面质量管理导论 [M]. 长沙: 湖南教育出版社, 2004.

[71] 王前新. 高等职业教育管理学 [M]. 北京: 红旗出版社, 2003.

[72] 胡锦秀, 马树超. 我国高职教育发展的政策环境分析与思考 [J]. 职教论坛, 2006, (12): 4.

[73] 向丽. 我国高等职业技术教育研究的现状与趋势——以2001~2005年人大

复印报刊资料《职业技术教育》为例[J]. 河南职业技术师范学院学报, 2006, (4): 13.

[74] 壮国桢. 高校扩招以来高等职业教育研究现状分析[J]. 中国高教研究, 2006, (4): 64.

[75] 全国高职高专校长联席会议. 高等职业教育改革与发展报告[M]. 北京: 高等教育出版社, 2010.

[76] 深圳职业技术学院. 专业教学标准汇编[M]. 北京: 高等教育出版社, 2008.

[77] 深圳职业技术学院. 工学结合案例汇编[M]. 北京: 高等教育出版社, 2008.

[78] 鲍风雨. 职业院校教育教学质量保障体系理论与实践[M]. 北京: 机械工业出版社, 2011.

[79] 郭熙汉, 何穗, 赵东方. 教学评价与测量[M]. 武汉: 武汉大学出版社, 2008.

[80] 吴兆方, 陈光曙. 高等职业教育"两高一新"人才培养模式的研究[M]. 北京: 高等教育出版社, 2009.

[81] 戴士弘, 毕蓉. 高职教改课程教学设计案例集[M]. 北京: 清华大学出版社, 2007.

[82] 戴士弘. 职教院校整体教改[M]. 北京: 清华大学出版社, 2012.

[83] 戴士弘. 职业教育课程教学改革[M]. 北京: 清华大学出版社, 2007.

[84] 姜大源. 当代德国职业教育主流教学思想研究[M]. 北京: 清华大学出版社, 2007.

[85] 马树超, 郭扬. 高等职业教育跨越·转型·提升[M]. 北京: 高等教育出版社, 2008.

[86] 柴福洪, 陈年友. 高等职业教育名词研究[M]. 北京: 高等教育出版社, 2012.

[87] 李学锋, 刘建超, 熊熙. 基于工作过程系统化的高职课程开发理论与实践[M]. 北京: 高等教育出版社, 2009.

[88] 姚寿广. 示范高职院校的内涵建设——理念支撑与实践建构[M]. 北京: 高等教育出版社, 2009.

[89] 姚寿广, 经贵宝. 新加坡高等职业教育——以南洋理工学院为例[M]. 北京: 高等教育出版社, 2009.

[90] 刘育锋. 中高职课程衔接理论与实践——英国的经验与我国的借鉴[M]. 北京: 北京理工大学出版社, 2012.

[91] 赵志群. 职业教育工学结合一体化课程开发指南 [M]. 北京：清华大学出版社，2009.

[92] 欧盟 Asia – Link 项目"关于课程开发的课程设计"课题组. 职业教育与培训学习领域课程开发手册 [M]. 北京：高等教育出版社，2007.

[93] 李伟. 实践范式转换与实践教学改革 [M]. 北京：教育科学出版社，2010.

[94] 毛亚庆，刘冷馨，译. 高等教育中的质量与问责 [M]. 北京：北京师范大学出版社，2008.

[95] 李国艳，田鸣. 系统化实践教学体系——基于就业导向视角的研究 [M]. 北京：经济管理出版社，2012.

[96] 向梅梅，刘明贵. 应用型本科高校实践教学研究 [M]. 广州：暨南大学出版社，2011.

[97] 许光，袁雪峰. 建筑工程技术专业工学结合人才培养方案 [M]. 北京：高等教育出版社，2008.

[98] 肖辽亮，张文初，熊异. 基于工作过程的高职应用电子技术专业人才培养方案与核心课程标准 [M]. 北京：高等教育出版社，2008.

[99] 陈永芳. 职业技术教育专业教学论 [M]. 北京：清华大学出版社，2007.

[100] 杜国城等. 高职高专教育土建类专业教学内容和实践教学体系研究 [M]. 北京：中国建筑工业出版社，2011.

[101] 刘洪一，李建求，徐平利. 中国高等职业教育改革与发展研究——以深圳职业技术学院为例 [M]. 北京：高等教育出版社，2008.

[102] 黄尧. 职业教育学——原理与应用 [M]. 北京：高等教育出版社，2009.

[103] 张大良. 高等教育人才培养模式改革 [M]. 北京：高等教育出版社，2012.

[104] 高等职业院校人才培养工作评估研究课题组. 高等职业院校人才培养工作评估解读与问答 [M]. 北京：高等教育出版社，2009.

[105] 高等职业院校人才培养工作评估研究课题组. 高等职业院校人才培养工作评估实务与点评 [M]. 北京：高等教育出版社，2011.

[106] 袁贵仁. 中国教育 [M]. 北京：北京师范大学出版社，2013.

[107] 姜大源. 当代世界职业教育发展趋势研究 [M]. 北京：电子工业出版社，2012.

[108] 张尧学. 大木仓的记忆——十年高等教育管理与实践（上册）[M]. 北京：高等教育出版社，2009.

[109] 张尧学. 大木仓的记忆——十年高等教育管理与实践（下册）[M]. 北京：高等教育出版社，2009.

[110] 杨金土. 30 年重大变革——中国 1979—2008 年职业教育要事概录（上卷）[M]. 北京：教育科学出版社，2011.

[111] 杨金土. 30 年重大变革——中国 1979—2008 年职业教育要事概录（下卷）[M]. 北京：教育科学出版社，2011.
[112] 邓泽民，王宽. 现代四大职教模式 [M]. 北京：中国铁道出版社，2006.
[113] 邓泽民，赵沛. 职业教育教学设计 [M]. 北京：中国铁道出版社，2006.
[114] 邓泽民，陈庆合. 职业教育课程设计 [M]. 北京：中国铁道出版社，2006.
[115] 邓泽民，侯金柱. 职业教育教材设计 [M]. 北京：中国铁道出版社，2006.
[116] 中华人民共和国教育部高等教育司全国高职高专校长联席会. 必由之路——高等职业教育产学研结合操作指南 [M]. 北京：高等教育出版社，2004.
[117] 中华人民共和国教育部高等教育司全国高职高专校长联席会. 点击核心——高等职业教育专业设置与课程开发导引 [M]. 北京：高等教育出版社，2004.
[118] 中华人民共和国教育部高等教育司全国高职高专校长联席会. 教学相长——高等职业教育教师基础知识读本 [M]. 北京：高等教育出版社，2004.
[119] 中华人民共和国教育部高等教育司全国高职高专校长联席会. 纵横职场——高等职业教育学生就业与创业指导 [M]. 北京：高等教育出版社，2004.
[120] 中华人民共和国教育部高等教育司全国高职高专校长联席会. 架设桥梁——高等职业教育现代教育技术的应用 [M]. 北京：高等教育出版社，2005.
[121] 中华人民共和国教育部高等教育司全国高职高专校长联席会. 育才通道——高等职业教育专业建设探索 [M]. 北京：高等教育出版社，2005.
[122] 中华人民共和国教育部高等教育司全国高职高专校长联席会. 提升内涵——高等职业教育教学与科研管理工作指南 [M]. 北京：高等教育出版社，2005.
[123] 中华人民共和国教育部高等教育司全国高职高专校长联席会. 职场必修——高等职业教育学生职业素质培养与训练 [M]. 北京：高等教育出版社，2005.
[124] 黄达人等. 大学的声音 [M]. 北京：商务印书馆，2012.
[125] 黄达人等. 高职的前程 [M]. 北京：商务印书馆，2012.